HAN-CHAO KONGJIAN BIAOJICI
GONGNENG DUIBI YANJIU

延边大学外国语言文学一流学科建设出版资助项目

汉、朝空间标记词功能对比研究

姜海燕　著

民族出版社

图书在版编目（CIP）数据

汉、朝空间标记词功能对比研究 / 姜海燕著. 北京 ：民族出版社，2025. 4. -- ISBN 978-7-105-17509-3

Ⅰ. H13；H553

中国国家版本馆CIP数据核字第2025SP5823号

策划编辑：阿茹汗
责任编辑：李光日
责任校对：桂　香
封面设计：金　晔

出版发行：民族出版社
地　　址：北京市和平里北街14号　邮编：100013
网　　址：http://www.mzpub.com
印　　刷：北京中石油彩色印刷有限责任公司
经　　销：各地新华书店
版　　次：2025年5月第1版
印　　次：2025年5月北京第1次印刷
开　　本：640毫米×960毫米　1/16
字　　数：198千字
印　　张：16
定　　价：65.00元

ISBN 978-7-105-17509-3/H · 1284（汉447）

该书若有印装质量问题，请与本社蒙古文编辑室联系退换。
联系电话：（010）58130914

代 序

空间概念作为最基本的概念，是解释许多语义、语法现象的一把钥匙。学术研究应从基本问题做起，语言对比亦然，本书就是基于这样的认识展开研究的。本书既有理论思考，又有微观刻画；既有继承，又有发展，为空间范畴表达的跨语言比较提供了新的视角和支持。下面就对本书中提到的几个问题做一些延伸讨论。

“在”字句是汉语的经典字句。“在”身兼二职，既可以表示动作发生的处所，也可以表示物体移位后达到的位置。本书指出，朝鲜语里这两种意义通常用处所格和位格两种不同的形式标记。这种一对二/多的现象，我们称之为“分合”现象。“分合”指“形—义”关系的对应样态，即语义范畴及其相应表达手段的分离与合并。“分合”现象在空间概念范畴中表现得较为明显。空间范畴是一个系统范畴，包括多个子范畴，这些子范畴各自独立，但又互有关联，这就为“分合”提供了可能。早在19世纪德国语言学界就关注空间概念与标记之间的对应现象。池上嘉彦(1981)指出，语言间“处所”与“位置”、“处所”与“起点”、“起点”与“经由点”、“起点”与“终点”、动态“终点”与静态“终点”都存在“分合”现象。以“远近”与标记的匹配为例，“远”指离“起点”的距离大，“近”指离“终点”的距离小，“分立”符合这一日常“经验”。许多语言采用区分策略。

英语：

(1) a. The school is far away from home.(起点)

b. The school is very close to home.(终点)

有些语言则采用“合并”策略，共享一个形式标记。如蒙古语里共享“从格”，汉语里共享动介词“离”。

蒙古语：

(2) man-u ger surgaguli-aca masi hola/oira-han.

我们-领属 家 学校-从格 特别 远/近-比较

(我们家离学校特别远/近。)

汉语：

(3) 天津离北京很远/近。

蒙古语和汉语采取的是等距/中立的观察策略，起讫点中和，意味着方向性/距离的淡化。

朝鲜语和日语也常用“起点”标记，但也可以用“终点”标记。以朝鲜语为例：

(4) 집-이 회사-에서 멀다/가깝다.

家-主格 公司-起点 远/近

(我家离公司远/近。)

(5) 여기-는 송도해수욕장-에 가깝다.

这里-话题 松涛海水浴场-终点 近

(这里离松涛海水浴场近。)

例(4)里"远/近"都用"起点"标记,例(3)里"近"和"终点"匹配。我们注意到当Y为虚拟空间时,"近"更强烈倾向于和"终点"匹配。如:

(6) 나이-가 60-에/*에서 가깝다.
年龄-主格 60-终点/*起点 近
(年近六十/快到六十了。)

例(6)里,X和Y都已完全失去了空间的典型特征,Y不再表示"起点",而表示抽象目标,自然采用"终点"标记。可见,朝鲜语里"近"和空间标记的匹配主要取决于Y的空间属性。

语言间空间概念的"分合"源自观察视角的差异。正如洪堡特所言,"……另一种语言差异,即由于表达方式的不同而产生的语言差异,其基础是对事物的看法,以及据此形成的概念",可谓是"横看成岭侧成峰"。

"分合"是一种跨语言的常见现象,见于音系、形态、词类、语义、句法、语用等各个层面,而每个层面的具体"分合"情况不尽相同。"分合"现象能为语言间视角差异、系统和分析操作的繁简差异、语言类型特点等研究提供直观的观察窗口和印证,对第二语言教学实践也有很高的应用价值。

汉语和朝鲜语都属于有方位词的语言。本书从语义、音节、隐现、词类地位等角度呈现了两种语言方位词的异同,为方位词的类型研究提供了新的视角和支持。值得一提的是,本书注意到朝鲜语自源方位词和汉源方位词同方位后缀组合上的差异。这一部分虽然笔墨不多，但对语言接触研究颇有启发价值。

根据接触的途径，语言接触可分为直接(非文本)接触和间接(文本)接触，汉语和朝鲜语的接触属于后一种接触。就接触的影响而言，间接接触的影响远比直接接触更加深远和深刻。汉源借词在朝鲜语中有广泛的分布，既有基本词汇也有非基本词汇，且几乎各个词类都有汉源词。其中，方位词是自源词和汉源词匹配最为整齐的一类。自源词和借词，来源不同，功能上通常也有区别。概而言之，自源方位词既承担具体的空间关系的定位功能，也有隐喻用法，汉源方位词则主要继承了汉语方位词的隐喻用法。以往有一种说法，自源词和自源词搭配，汉源词和汉源词搭配，这种限制实际上就是功能分工的反映。不过，这种限制也在逐渐被打破，且有扩大的趋势。一是，汉源词可以和自源词搭配。如汉源词“결혼(结婚)”，理应和汉源方位词“후(后)”搭配，但也可以和自源方位词“뒤(后面)”搭配。二是，自源词可以和汉源词搭配。如“자기 전(睡前)”里的“자기”是自源动词“자다”的名词化形式，按理应该和自源方位词“앞(前)”搭配，但却只能和汉源方位词“전(前)”搭配。根据初步观察，自源词和汉源词的搭配限制较之汉源词和自源词的搭配更宽松。

本书指出，朝鲜语格助词居于方位词之后，由于格助词的抽象程度高于方位词，因此方位词可以隐去，格助词则不能，在这一点上不同于汉语。但据观察，有些汉源方位短语后的格助词不仅经常可以隐去，有时甚至不宜用。

(7) 이번 지진-은 사상(에서) 피해-가 가장 큰 지진이다.
这次 地震-话题 史上(处所格) 受害-主格 最 大-定语化 地震-系词
(这次地震是史上损失最大的地震。)

例句中的汉源短语“사상(史上)”后的处所格助词标记完全是非强制的。

(8) 사실상 경기-는 이미 취소되었다.
事实上 比赛-话题 已经 取消-被动-过去终结词
(比赛事实上被取消了。)

例(8)中汉源短语“사실상(事实上)”后不大能用格助词。

特别值得一提的是，朝鲜语汉源方位词“중”继承了汉语“中”的进行/持续体用法，但也有一些区别。本书通过细致的对比指出，“중”的虚化程度比“中”还要高，这是一个很有价值的发现。朝鲜语的汉源方位词很值得进一步深入研究。

关于句首的处所成分(包括时间成分)的身份归属，汉语学界有状语说和主语说/话题说两种不同的观点。其实，从跨语言的角度来看，处所成分无论占据哪一个位置，普遍视为状语。主语说/话题说，主要见于汉语学界的一些语法论著。朱德熙(1982)根据词性、能不能转换成反复疑问形式、偏正结构加上“的”或状语和中心语之间插入“所”、能不能插入连词等四条标准，认为“时地成分+谓语”和典型的主谓结构平行。也就是说，时地成分就是主语。如“晚上会下雨”、“教室里在上课”里的“晚上”和“教室里”是主语。的确，处所成分可以充当主语/话题，但汉语的情形和有专用主格标记和话题标记的语言之间存在重大的区别。先看主语的情形。以朝鲜语为例：

(9) a. 운동장-에서 애들-이 축구-를 하-고 있다.

运动场-处所格 孩子-复数-主格 足球-宾格 做-进行体终结词
(操场上，孩子们在踢球。)

b. 축구-를 하-고 있는 곳-은 운동장-에서-가 아니라
足球-宾格 做-进行体-定语标 地方-话题 运动场-处所格-主格 否定
체육관-에서이다.
体育馆-处所格 系词
(踢球的地方，不是操场，是体育馆。)

c. *운동장-에서-가 애들-이 축구-를 하-고 있다.
运动场-处所格-主格 孩子-复数-主格 足球-宾格 做-进行体 终结词

例(9)a句的"운동장(运动场)"后接处所格标记，只能分析为状语，例(9)b句的"운동장(运动场)+处所格标记"后接主格标记，可视为主语。需要指出的是，处所成分带上主格标记后只能作否定焦点，否则仍然不成立，如例(9)c句。方向、工具等状语也能带上主格标记，但也只能做否定焦点。可见，这些成分做主语并非常态。

本书注意到，朝鲜语里句首的处所成分可以充当话题，但要经过话题化操作。例如：

(10) a. 책상 위-에 책-이 있다.
桌子 上-位格 书-主格 有
(桌子上有书。)

b. 책상 위-에-는 책-이 있다.
桌子 上-位格-话题 书-主格 有
(桌子上有书。)

例(10)a句的“책상 위(桌子上)”后接位格标记，只能分析为状语，例(10)b句的“책상 위(桌子上)+位格标记”后接话题标记，自然充当话题。时间、工具、协同、比较等非核心论元也都要在格标记后添加话题标记来实现话题化。

主宾语经过话题化操作也可以作话题，但不能直接在主宾格标记后添加话题标记，而是要用话题标记替代主宾格标记。以主语的话题化为例。

(11) a. 애-가 울-고 있다.
宝宝-主格 哭-进行体句末终结词尾
(宝宝在哭。)
b. 애-는 울-고 있다.
宝宝-话题 哭-进行体句末终结词尾
(宝宝在哭。)
c. *애-가-는 울-고 있다.
宝宝-主格-话题 哭-进行体句末终结词尾

主宾语属于语法范畴，而话题属于语用范畴，所属范畴不同，自然互不相容。本书虽然只涉及到了句首的处所成分，但对主语/话题类型研究仍有借鉴价值和启发意义。

主语/话题问题是备受学界关注的焦点之一，说关乎语言的根本特点和分析模式也不为过。汉语和朝鲜语都属于话题显赫的语言，但两者又呈现鲜明的对照，汉语里主语和话题都缺乏专用标记，朝鲜语里恰好各有专用标记，且二者互不相容。在这一点上，朝鲜语既区别于汉藏语，也不同于阿尔泰语。据了解，汉藏语系藏缅语族的有些语言也有话题标记，但有无专用主格标记尚无详细的记述。

阿尔泰语里主语和话题都缺乏专用标记。在这一点上，类似于汉语，但阿尔泰语里宾语有专用标记，因此主语可通过与宾语的对立和语序来判定，而汉语主宾语都缺乏专用标记，据此有些研究者把主语和话题视为一体，这也就等于认为汉语是语法和语用合一型语言了。对此，我们暂且不做价值判断，但有一点是明确的，即要进一步加强跨语言比较，并且要适当扩大语言样本。

崔 健

2024年8月1日

目　录

第一章　空间范畴及表达形式

范畴是人的思维对客观事物的普遍本质的概括和反映，是用来对事物进行分类的性质依据。空间范畴是人们对空间实体的识解方式构成的范畴，指空间关系的认识和表达。认知语法非常重视对空间范畴的研究，因为空间概念是人类其他概念形成的基础。Lakoff(1989)将其语法理论定名为“空间语法(Space Grammar)”。空间范畴的研究将揭示语言形式手段的运用及语言背后认知的运作机制等。本节以人类认知普遍性为前提，充分注意不同民族的认知特点对语言表达的影响，以及汉、朝两种语言在空间概念的表达过程中出现的异同，力求给予合理的解释。

第一节　空间关系及其认知要素

Carlson(2003：94)认为空间关系是指通过描述一个物体和另一个物体的相对位置来表示第一个物体的位置。(转引自李福印 2008：227) 语言对空间关系的表达并非完全等同于客观空间实体之间的关系，也不完全等同于几何学、物理学等科学角度对它的解释。

因此，首先要弄清以下三个要素：空间实体、实体占据的空间、认知经验(识解方式)。

一、空间实体及两种属性

从几何学的角度可以从“点、线、面、体”等特征把握空间实体，而从物理学角度看，自然界的所有空间实体都有体特征，而根据实体占据的空间及人们对实体的认知经验(识解方式)赋予实体“点、线、面、体”等不同特征。

当物理世界中的空间实体经过人的大脑，被捕捉到其特征时，会经过以下转换[Talmy(2000)将它们称作空间认知特征]。第一，理想化(Idealization)。人们通过知觉和格式塔认知形式的作用，将实体与已在头脑中形成的图式进行匹配、进行归类，这个过程称作“理想化”过程。经过该“理想化”过程归类的实体，并不等同于实体通过物理属性的归类。第二，抽象化(Abstractedness)。当实体被“理想化”以后，有些部分会被凸显，有些部分会被忽略。如，“走进邮局寄东西”中的“邮局”识解为体，“邮局旁边是图书馆”中的“邮局”识解为点；再如，“边境”指接近边界的地方，人们通常将它识解为线，而实际上物理属性更接近面。第三，拓扑(Topology)。空间实体在连续改变形状后还能保持不变的一些性质，即在一定认识范围内允许实体的形状发生变化，而语言表达不发生变化。如我们不管某个实体是三维封闭的(“冰箱”)还是开放的(“杯子”)，或者甚至接近二维(“盘子”)，都用方位词“里”来指示其内部空间。这就是我们捕捉这些实体特征时，运用“理想化”、“抽象化”、“拓扑”等认知能力的结果。

以上认知能力具体反映在对实体不同属性的把握。人们解读空间实体的性质时，通常从两个方面去把握。一是实体的空间物理属性，二是实体的功能属性。实体的物理属性，就是纯客观地去把握实体。而世界上每个事物都有多种属性，在人的体验、互动的过程中有些属性会被凸显，有些属性则会被忽略。互动过程中被凸显的属性就是实体的功能属性。刘宁生(1994)、张敏(1998)谈到了区分实体的客观属性和功能属性的重要性。一个实体的一些物理属性中某些特征被淡化，某些特征被突出。这种互动属性反映在语言的编码方式中，一方面会体现在方位词的选择上。如"桌子"的物理属性是三维的体；而我们经常给"桌子"加上激活二维、面属性的标记"上"，这是由桌子的显著功能——承置功能所决定。

二、"焦点"与"背景"

空间关系发生在空间场景中，单个的空间实体无空间关系可言。一个实体的空间位置的确定需要另一个实体作为参照。如"箱子"，作为占据空间的物体，不能单独表达空间关系。

(1) a. 箱子里的书(内外关系)

b. 상자 속의 책

(2) a. 放箱子(不表示空间关系)

b. 상자를 놓다

例(1)中的"箱子/상자"属于空间范畴，例(2)中的"箱子/상자"则不属于空间范畴。因此实体名词须与其他词组合或在句法环境中才能获得空间范畴成员的身份，其中有些词是激活空间性的显性标记，是优先选择对象，某些句法环境则抑制实体的空间性，这也是

一些句法环境排斥空间标记词的原因。

Talmy(2000)认为空间场景包括：焦点(Figure)、背景(Background)、参照框架(Reference Frame)。焦点是一个移动的实体，焦点的路径、位置或方向被视为一个变量。背景是相对焦点的参照实体，它有一个相对于参照框架静止的场景。

焦点与背景的确定，一般遵循以下普遍倾向性原则。[参看Talmy(1983/2000)]

表1　焦点与背景的普遍特征

焦点	背景
空间(或时间)特征未知、不确定	可以作为参照点，用自己的已知特征描述焦点的未知特征
轻易移动	不易移动
形体比较大	形体比较小
几何图形较为复杂	几何图形较为简单
新信息，不易预料	较熟悉，较易预料
相关性较高	相关性较低
不易立刻感知	较易立刻感知
凸显程度高	凸显程度低
依赖性较高	独立性较高

从表1可知，人们常把大的、不易移动的、可视的实体作为背景，把小的、可移动的、不可视的实体作为焦点处理。比如：

(3) a. 자전거는 우체국 근처에 있다.

b. 自行车在邮局附近。

(4) a. *우체국은 자전거 근처에 있다.

b. *邮局在自行车附近。

从例(3)、(4)中可以看到，空间实体“우체국/邮局”和“자전거/自行车”中相比之下“우체국/邮局”是大的、不易移动的，因此不管汉语还是朝鲜语不能以“自行车”作为参照物当背景，这是不同语言社会解读空间关系的共同认知基础的表征。

当两个实体在大小、可否移动、几何特征等方面都无明显差异时，则根据语境互为焦点或背景。如：

(5) a. 도서관은 식당 옆에 있다./图书馆在食堂旁边。

b. 식당은 도서관 옆에 있다./食堂在图书馆旁边。

在例(5)a中，“도서관/图书馆”是焦点，“식당/食堂”是背景，而在例(5)b中则相反。在例(5)a中说话人认为“식당/食堂”是听话人较熟悉的、较易感知的已知信息，发话时将以背景处理。“도서관/图书馆”则相对不熟悉，是不易感知的新信息，发话时处理为焦点。

焦点和背景关系不仅在实体位置关系中获得，在其他抽象概念领域中也会涉及。如时间，它体现事件之前的关系。认知语言学认为，在概念化过程中，从句作为主句事件的起因或前提，是两个事件中的背景，主句则为焦点。如：

(6) a. 바람이 분 뒤에 창문 유리가 깨졌다.

b. 吹过一阵风后，窗户碎了。

(7) a. ? 창문 유리가 깨지기 전에 바람이 불었다.

b. ? 窗户破碎之前，吹过一阵风。

例(6)中前一事件“바람이 분 뒤/吹过一阵风后”充当了背景，因为该事件是先发生的、确定的、已知的。后一事件“창문 유리가 깨졌다/窗户碎了”则充当了焦点，因为该事件是后发生的，它表达的时间是由从句的事件得到确定的。当然，在一定的语境下例(7)的表达方式也可以接受。如为了强调窗户破碎的原因时，可以将前一事件放在主句的位置作为突出的焦点来处理。

再看下例：

(8) a. 나는 잘 때 꿈을 꿨다.

b. 我睡觉的时候做梦了。

(9) a. *나는 꿈을 꿀 때 잤다.

b. *我做梦的时候睡觉了。

虽然睡觉和做梦是同时发生的事件，但主从位置不能换。因为“做梦”这一事件是依赖“睡觉”而存在的，所以“睡觉”作为背景以从句来表达。

三、意象图式

图式是人们把经验和信息加工组织成某种常规性的认知结构，可以较长期地储存于记忆之中。Lakoff和Johnson提出的“意象图式”是指人类在与客观世界互动的过程中反复出现而形成的意象性抽象结构。其中的“意象(image)”是体验性经验的心智表征(Fillmore 1975)，具有非命题性。“图式”比起意象更为抽象、概括。“意象图式”的形成过程，就是对客观世界概念化、图式化的过程。人们通过“意象图式”能够以类推的方式来建构无限的抽象概念。

意象图式的形成就是认知模型（CM）的形成，多个CM之和可形成一个ICM（理想化认知模型）。人们以理想化认知模型为基础，建立范畴即概念。概念化的过程中，需要借助隐喻、转喻、识解、激活等认知机制运作于其中。

Lakoff（1987）主要介绍了以下7类意象图式：容器、始源—路径—目标、连接、部分—整体、中心—边缘、上下、前后。这些图式的样本隐喻如下（王寅 2010）：

① 容器图式（Container Schema）：我在家庭里，人在社会中。很多范畴可以通过容器图式来理解。

② 部分—整体图式（Part-Whole Schema）：家庭就是由部分构成的一个整体。社会中的等级结构可通过部分—整体图式和上下图式来理解。

③ 连接图式（Link Schema）：社会和人际关系是根据连接关系来理解的。

④ 中心—边缘中心图式（Center-Periphery Schema）：理论有中心和边缘之分，重要的东西被理解为中心。辐射结构可通过中心—边缘图式来理解。

⑤ 始源—路径—目的地图式（Source-Path-Destination Schema）：PURPOSE是根据DESTINATION来理解的，复杂的事件也常根据这个图式理解。

⑥ 前后图式（Back-Font Schema）：前景　背景、图形—背景结构可通过这一图式来理解。

⑦ 上下图式（Up-Down Schema）：社会等级结构、家庭结构可根

据这一图式来理解。

四、语言与不同的思维模式

语言主要是人们在对现实世界感知体验的基础上，通过认知加工逐渐形成的，是主客观互动的结果。有了“互动”的概念，就强调了人在互动过程中的主观能动作用。即不同的社会群体在认知上的差异、思维上的分歧，可反映在语言表达上的差异。语言表达能反映不同民族的文化、思维模式，反映出其个性。不同语言社会对同样实体、同样事件场景的认识会有所不同。如，交通工具虽是三维实体，但在汉语社会对交通工具的认识，凸显承托面，因此常说“公交车上、飞机上、火车上”。而朝鲜语社会识解交通工具时，凸显三维的体特征，因此会说“버스 안、비행기 안、기차 안”，不说“버스 위、비행기 위、기차 위”。英语的交通工具名词后有的用“in”，有的用“on”。如“in a car”、“on an airplane”、“in a helicopter”。Talmy（2000：231）指出，大型交通工具中一般设有一个过道（walkway），乘客可以在这个过道形成的水平面上自由走动，因此用“on”；像小型交通工具一般没有这样的水平面过道，当然也就没有能让乘客走动的水平面，只能被包容（enclosure）在小型交通工具的容器内，因此用“in”。由此可见，对实体的解读方式因语言而异。

第二节　语言类型及空间表达手段

储泽祥（2010）指出空间表达要素有方位词、处所词、空间介词、普通名词、指示代词、空间副词、空间动词等。而且由这些空间表达要素构成的结构式也可以表示空间。如表示方向，主要有方位词、普通名词+方位词、介词“朝/向/往/从/到”、“动词+向/往/到”、空间动词、“动词+进/入/出/上/下/来/去/回”等。

本书在储泽祥(2010)对空间表达要素的界定基础上，将空间标记分为显性标记和隐性标记。

一、显性标记

语义具有人类语言共性，但根据语种，其表达手段的形式属性存在着显著的差异。空间概念作为人类认识客观世界最基本的概念，任何语言都会涉及到空间概念的表达，而其编码形式具有类型差异。崔希亮(2002)指出不同语言的五种空间表达手段：用介词标引空间方位的语言——英语；用介词加上方位词来标引空间方位的语言——汉语；用格助词来标引空间方位的语言——日语；用介词加上屈折变化(格尾)来标引空间方位的语言——俄语；名词加上方位词尾来标引空间方位的语言——芬兰语。五种表达手段主要有介词、方位词、格助词、方位词尾[可视作格助词虚化的结果，参看刘丹青(2003：65)]等。语言类型学将这五种手段称作附置词(adposition)，可作类型学参项来对世界语言进行考察。

学界对方位词归属尚无统一的认识，且方位词内部虚化程度不一，据此，我们暂不把方位词归入附置词，而视为独立的空间标记词。

句法上表达空间的语义角色——方所题元①有的语言用前置词

① 根据题元理论，小句中的每个NP都应被赋予一定的题元。在主-宾格语言中，

(preposition)，有的语言用后置词(postposition)，有的语言用前/后置词加方位词来表达。跨语言调查表明，空间概念的表达手段，主要有附置词(介词/助词)和方位词。其表达形式如下表(储泽祥 2010: 23)：

表2　不同类型语言中的附置词与方位词

语种	附置词	方位词	附置词、方位词
汉语	−	+	+
藏语	−	+	+
京语	−	−	+
布嫩语	+	+	+
英语	+	−	−
朝鲜语	+	−	+

上表显示，空间关系表达形式可分为附置词单用型语言和附置词和方位词共用型语言。英语等语言属于前一种类型，汉语和朝鲜语属于后一种类型。但是表达形式相同，并不表示功能也一定相同。如方位词的语义抽象度、虚化程度、对附置词的依赖度都会有所不同。

储泽祥(2004)认为方位词具有指别位置和维向的作用，崔健(2007)认为方位词的作用在于"缩小处所的搜索领域"。这些主要是语义抽象度低的方位词的作用。有些语义抽象度高的方位词，虽不能表示具体空间关系，但句法上需要强制出现，与句法行为具有一定

出现在主语和宾语位置的NP被看成是句法上的直接格，它们各有自己默认的题元(default roles)，在主语和宾语位置的NP按常规分别赋予施事题元和受事题元。句法上，直接格不需要另外的赋元手段，所以位于直接格位置的题元可以叫直接题元。有很多题元通常用在句法上的间接格(oblique)位置，要用专门的标记表示，这种位置的题元可以叫间接题元。例如，英语中的处所用前置词"in、from"，日语用后置词"に、から"等。

的相关性。抽象度低的方位词通常作语义功能标记，抽象度高的方位词通常作语法功能标记。

我们将出现在方所题元中的附置词(介词/格助词)、方位词统称显性空间标记词。

二、隐性标记

方位词作为空间关系表达范畴中的典型成员，学界之所以对其归属问题没有统一的认识，是因为没有弄清方所题元和方所语义成分的区别，即语义上具有方所义的NP并非在句法上体现为方所题元。反过来，方所题元并非都需要一些显性标记来标注NP。如，“在教室里上课”和“这个教室很大”中“教室”语义上都有方所义，但在两个句法结构中语义角色却不同。第一句的“教室”为方所题元，第二句的“教室”不再是方所题元，而是被陈述的客体，其空间性比前一句弱。本书重点关注方所成分在句法上如何凸显NP的空间性，哪些要素(包括显性的附置词以及方位词)影响空间性的强弱。储泽祥(1997：3)中认为形式标志不明显的、出现在特定格式(如“把NV进___”)中的实物也可以表达方所，并称之为实物性方所，属于“语境方所”。本书考虑句法位置对空间性强弱的影响，将其视作隐性标记。因此，本书提出的隐性标记指零标记、无形式标记，即无附置词或方位词的标记模式。

动词可赋予名词空间性语义(“去图书馆，逛商店”)，刘丹青(2001：90)将此类具有赋予间接题元作用的动词称为赋元动词(role-assigning verbs)。有些实词由于本身语义的缘故，能赋予相关的句法成分以位置默认题元之外的题元，而不需要另用赋元虚词。

赋元动词在句法和语义上可以相当于一个普通动词加一个赋元介词。赋元动词本身隐含了一个赋元介词，所以有些赋元动词还排斥表示同一题元的介词。如，现代汉语里不会说"去向图书馆、逛在商店"，句中的介词"向"、"在"都会隐去。这种现象还可见于其他分析性语言中，如英语中表工具可以用动词use，例如"He uses chopsticks"，不能用"to use with chopsticks"表示用筷子。汉语中"跑操场、走马路"也属赋元介词的省略。而刘丹青(2001)并未提及省略之后语义上的变化，只提出主宾语位置上的非默认题元属于特例(marked)而非通例(unmarked)。其实应该有等级序列，如："在学校>来/去学校>跑操场/逛商店>吃食堂"。

有些可通过句式变换还原处所成分的典型句法位置，但变换式和原句式中的处所成分的空间性则不同，即动词的赋元能力存在差异。朝鲜语的后置词(赋元介词)省略，不仅跟升格(处所格升格为宾格)现象有关，还跟语序类型有关，朝鲜语省略比较复杂。(参看5.1)

上述赋元动词等问题，也属于隐性标记的考察范围。

第二章　汉、朝空间标记词内部成员的语义功能对比

第一节　汉、朝方位词内部成员的语义功能

方位词自身无法表达空间实体的形状，须与NP组合才可以。单靠方位词虽不能表示形状，但方位词对不同形状的实体有要求。“不加上方位词，即使NP本身是表示处所的名词，也无法体现出形状的特点来。”(齐沪扬 1999)

汉语和朝鲜语中表达具体空间方位义的显性标记——方位词，在具体概念范畴中形成聚合(近义方位词)。如朝鲜语和汉语表示“内外”概念的方位词，朝鲜语有“안、속、중、내”，汉语有“里、中、内”，其内部成员之间存在功能差异。而且汉语和朝鲜语都有相应的多音节方位词，音节不同功能亦不同。

一、“前/后”和“앞/뒤”

人会跟随视线移动身体，与他人进行交际时，通常会保持面对

面的状态。人用眼、耳、鼻等主要感官来认识世界、辨别事物，我们通常以这些面部感官为参照区分前和后。而人的身体从这些感官分布来看是不对称的，这种关系和认识在语言中的表现如下：

（1）a. 눈앞/*눈뒤　목전/*목후　코앞/*코뒤　앞가슴/*뒷가슴

b. 眼前/*眼后　目前/*目后　——　前胸/*后胸

（2）a. *등앞/등뒤　*앞덜미/뒷덜미　*배전/배후

b. *背前/背后　？前颈/后颈　*背前/背后①

以上人体部位词和空间关系标记“앞/前”、“뒤/后”组合不对称，是人类主要感官分布不对称所致。

1. 当说“x位于y的前/后”时，“앞/뒤”、“前/后”是以参照物y为基准，指定x所在位置的空间概念标记。此时x可以是独立于y之外的另外一个实体，也可以是y的一部分。如：

（3）a. 우체국은 은행 앞/뒤에 있다.

b. 邮局在银行前面/后面。

（4）a. 그림이 책 앞/뒤에 그려져 있다.

b. 画在书的前面/后面。

显然，例（3）中x“邮局”和y“银行”分别是不同的两个实体，例（4）中x“画”是y“书”的一部分。

上述关系为：

---

① 符号“*”表示该句不成立，符号“?”表示偶有其用法，但可接受性较差，符号“——”表示无对应项。

(I) x是处于y前/后的一部分。

(Ï) x接近于y。

一般(Ï)前后关系是相对的，即根据说话人主观判断可以有不同的表达方式。首先，应考虑y自身是否具有前后方向体系。如：

(5) a. 선생님은 철수 앞/뒤에 있다.
　　b. 老师在哲洙前面/后面。

例(5)中的x“선생님/老师”在前面/后面，取决于哲洙的脸，特别是眼睛看向的那一边。像人或动物等有眼睛的对象，会将脸部特别是视线指向的一侧指定为“앞/前”，将另一侧指定为“뒤/后”。朝鲜语和汉语由“앞/뒤”、“前/后”构成的人体复合词成立与否，都与有眼睛的一侧或眼睛看向的一侧有关。看下例：

(6) a. 철수는 승용차 앞/뒤에 서 있다.
　　b. 哲洙站在轿车前面/后面。

例(6)中的“前/后”是根据车辆正常行驶方向决定的。即，汽车、火车、船、飞机等可移动的对象，其正常行驶的方向的是“前”，另一方向则是“后”。可以说，这些事物从制作开始在功能上就指定了前和后。但是，如果从一开始就未确定前后的圆形事物，我们通常以它正常移动的方向为基准，或者根据对象和观察者的关系来区分前后。例如，对于本身没有前后的球，在它静止的情况下，看球者视线的方向视为前，另一方向视为后。当球被扔出去移动时，通常滚动的方向视为前，另一方向视为后。

如果一个事物既不像人、动物有感觉器官，又不能移动行驶，如建筑、家具、电视等，如何判断其前后呢？看下例：

(7) a. 철수는 백화점 앞/뒤에 살고 있다.
b. 哲洙住在百货商店前面/后面。
(8) a. 바위가 나무 앞/뒤에 있다.
b. 岩石在树前面/后面。

像“백화점/百货商店”这类建筑的前后，通常用正门作为定位依据。正门所在之处为前，相反的位置为后。类似地人要面对的、不能移动的标志物还有衣柜等家具的门、电脑屏幕等，因此当我们称“家具前、电脑前”时都将依据人面对的那一侧为前，相反侧为后。

如果一个事物不像上述建筑、家具等，本身无法分出前后，那么通常会根据具体状况来指示其前后。如：

(9) a. 바위가 나무 앞/뒤에 있다.
b. 岩石在树前面/后面。

例(9)中的“나무/树”即没有感觉器官，在水平次元上也不具有其他可识别的区别特征(如，向一个方向行驶或具有另一侧没有的标志物等。)，因此本身难以区分前后。但是，当树在房子的前院时，它可以临时被赋予前后。也就是说，树的前面通常是指朝向路的那一方向。类似的现象还有，圆桌虽然本身难以区分前后，但如果靠墙放置也会被赋予前后。

这种关系中的前后由说话人或听话人根据自我中心(egocentric)这一坐标体系来判断。看下图：

图1

比如，按"我(说话人)—岩石—树"的顺序排列的情况下，认为"我"面对岩石和树时，可以如下表述：

(10) a. 바위가 <u>나무 앞</u>에 있다. / 나무가 <u>바위 뒤</u>에 있다.

b. 岩石在<u>树前面</u>。/ 树在<u>岩石后面</u>。

如果，说话人"我"认为岩石和树与自己朝同一方向，即不是面对的关系时，则会用不同的表达方式：

(11) a. 바위가 <u>나무 뒤</u>에 있다. / 나무가 <u>바위 앞</u>에 있다.

b. 岩石在<u>树后面</u>。/ 树在<u>岩石前面</u>。

识解方式如下图：

图2

看下例：

(12) a. 공이 의자 앞에 있다.

b. 球在椅子前面。

(13) a. 공이 바위 앞에 있다.

b. 球在岩石前面。

“椅子”本身具有识别前后的区别特征，即没有靠背的一边、供人坐的一边等特征。例(12)的“球”可依据参照物“椅子”的这类特征区分前后，而(13)的参照物“岩石”则没有可识别前后的区别特征，因此如图3所示，可以理解为说话人面对岩石的一侧即中间有球，或者说话人如果认为岩石与自己朝着同一方向，那么岩石在人和球中间。

图3

综上，朝鲜语和汉语对前后空间的识解方式基本一致，即具有感官的实体、可行驶的实体(交通工具等)、不可移动但自身具有区别特征的实体、不可移动且无区别特征的实体等与“앞/뒤”、“前/后”的选择限制上表现出很大的共性。

2. 朝鲜语和汉语词典对“앞/前”的释义中都指出“前”是人脸、眼睛

所向的方向。

(14) a. 동생이 내 앞에서 넘어졌다.

b. 弟弟在我前面(面前)摔倒了。

(15) a. 그는 선생님 앞에서 사뭇 술을 마셨다.(《표준국어대사전》)

b. 他在老师面前(*前面)喝了很多酒。

(16) a. 나는 사람들 앞에서 발표하는 게 너무 부끄러워.(《고려대 한중사전》)

b. 我不好意思在大家面前(*前面)演讲。

从例(15)、(16)可以看到，当用人做为参照物y，且以此为依据表动作发生的前方时，汉语倾向于使用词汇化的“面前”。朝鲜语也可以用汉字词“면전”表达。

二、“上/下”和“위/아래”

朝鲜语“위”和汉语“上”都可以表示两种空间关系，即接触关系和离析关系。我们将两种关系分别用“$위_1$”、“$上_1$”和“$위_2$”、“$上_2$”来表示。

接触关系②不管是垂直还是水平，“$위_1$”和“$上_1$”都可以指物体的表面。

(17) a. 강물 위에 배를 띄우다.(《표준국어대사전》)

b. 这幅画描绘了万年桥两岸的建筑物，繁盛的市容，江河上来往

② 接触关系中x既可以是与y分离的其他实体，也可以是y本身的一部分。如“컵이 책상 위에 있다.”表示x(컵)和y(책상)分离，x(컵)是单独的实体；“서랍이 책상 위에 있다.”表示x(서랍)是y(책상)的一部分。

的舟楫和风景秀丽的江南景色。(《福建日报》，1984-03-23)

(18) a. 얼굴 위에 난 상처.

b. 他的脸上有一条长约三寸的刀疤，横过鼻梁直达嘴角。(洛炜，《小魔女的海上情劫》，1997)

(19) a. 벽 위에 붙은 지도 한 장.

b. 墙上挂着一幅地图。

例(17)中的"강물 위/江河上"表示水平关系，例(18)、(19)中的"얼굴 위/脸上"、"벽 위/墙上"则表示垂直关系的接触。不管是垂直还是水平关系的接触，上例中的y"江河、脸、墙"直接作用于实体x"船、刀疤、地图"。有些情况比较复杂，如：

(20) a. 바닥 위에 펴놓은 카펫

b. 地板上的地毯

(21) a. (바닥 위의) 카펫 위에 놓인 테이블 / 바닥 위에 놓인 테이블

b. ？(地板上的)地毯上的桌子 / 地板上的桌子

(22) a. (바닥 위의 카펫 위에 놓인) 테이블 위의 그릇 / *바닥 위의 그릇 / *카펫 위의 그릇

b. *(地板上铺的地毯上的)桌子上的碗 / *地板上的碗 / *地毯上的碗

例(20)表示水平面(地板)上放着地毯。例(21)按垂直顺序排列，依次是桌子、地毯、地板。有趣的是例(21)a朝鲜语的情况是像"바닥 위에 놓인 테이블(地板上的桌子)"一样，可跨越"地毯"这一中间层，"地板"直接作用于"桌子"来表达上下概念。相反，例(22)a则不可以，不能用"바닥 위의 그릇(地板上的碗)"或"카펫 위의 그릇(地毯上

的碗)"来表达。而汉语只要两个以上实体叠加在一起就不能用多重定语形式表达上下接触关系，通常要进行断句，即参照物y只能是一项。如例(21)b应表达为"地板上铺着地毯，地毯上放着桌子"，例(22)b应表达为"地板上铺着一张地毯，地毯上放着桌子，桌子上有一个碗"。

上述接触关系如下图所示：

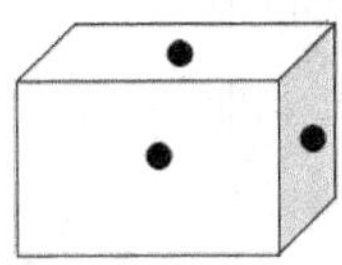

图4

值得注意的是，"上"和"위"不能表示三维实体的下方接触关系，如图5：

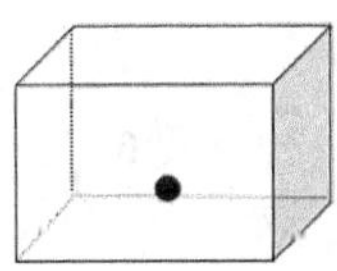

图5

综上，我们可以发现y如例(17)可以是路径(path)，也可以是作为平面来支撑x。其次，我们发现例(21)桌子与地毯是支撑x的一个作用域，此时x包含在这些y的作用域中。表面空间"위$_1$"和"上$_1$"可用

以下公式表示：

ON(x,y)：(i)INCL(x, REGION(SURF(y)))&PATH(y)或(ï) INCL(x, REGION(SURF(y)))&SURF(y, x)

“上”和“위”还可以表示非接触关系，即离析关系。与上述接触关系不同，只有垂直关系才能表示两个实体的离析。例如：

(23) a. <u>강물 위</u>를 나는 갈매기

b. 在<u>江面上</u>飞翔的海鸥

(24) a. <u>산 위</u>에 떠 있는 뭉게구름

b. <u>山上</u>的云团

上述离析关系如下图所示：

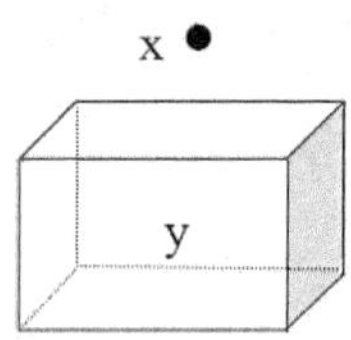

图6

例(23)、(24)表示x离开y的三维表面，二者构成垂直关系，x飘浮在y上方。x不能接触y的表面，因此x不可能在y的作用域中。但是，如果我们只说x脱离y的作用域，那么到底指示前后、左右、上下中的哪一方就不明确，因此必须表明x位于y的上部。上方空间“$위_2$”、“$上_2$”可用以下公式表示：

OVER(x, y)：EXCL(x, REGION(SURF(y)))&ABOVE(x, y)

公式显示y在地表和x之间，从地表、y、x的向上顺序依次表示。

朝鲜语表下方概念的功能词可以分为“아래”和“밑”，二者都与下方概念有关，但二者各司其职。“밑”主要表示三维实体的底部，通常指接触关系。“아래”通常指离开实体底部的下方，即表示离析关系。如：

(25) a. 바다 밑(?아래)에서 보물선을 발견했다. (《표준국어대사전》)
　　b. 在海底(? 下)发现了宝物船。

(26) a. 손전등으로 옷장 밑(?아래)을 들이비추다. (《표준국어대사전》)
　　b. 用手电筒照衣柜底下。

(27) a. 걸을 때 느낌이 좀 이상하더니 신발 밑(?아래)에 뭐가 붙어 있더라고요. (《표준국어대사전》)
　　b. 走路的时候感觉有点奇怪，发现鞋底下粘了什么东西。

例(25)中x和y是接触关系，朝鲜语用“밑”表示底部关系，不用“아래”表示；汉语则不用“下”，通常用“底(下)”表示。

“밑”所指示的空间方位为三维实体的内部底部和外部底部，两者都表示是接触关系。如例(25)、(26)，x在y的内部底部称为“밑$_1$”、“底(下)$_1$”，如例(27)，x在y的外部底部称为“밑$_2$”、“底(下)$_2$”。可以看出“밑$_1$”、“底(下)$_1$”中x必须在y表面形成的作用域内，而且x应位于y的上方。y这个作用域其实是另一个三维实体z的一部分，例如瓶子和箱子中包含的一部分，但是由于是结构的一部分，而不是水平面的一部分，因此y应被视为包含在z中。“밑$_1$”、“底(下)$_1$”可用以下公式表示：

$BOTTOM_1(x, y)$： INCL(y, z)&INCL(x, REGION(SURF(y)))&

ABOVE (x, y)

"밑$_2$"、"底(下)$_2$"则表示底部外侧有x，只要表明x在y的下方即可，可用以下公式表示：

BOTTOM$_2$(x, y)：INCL(y,z)&INCL(x, REGION(SURF(y)))&ABOVE(y, x)

(28) a. 나무 그늘 아래(?밑)에서 쉬었다 가자.(에듀월드 표준한한중사전)

b. 在树荫下休息一会儿再走吧。

(29) a. 공작 선반 아래(?밑)에 쇳가루가 쌓여 있다. (《표준국어대사전》)

b. 机床下堆放着铁粉。

"아래"与"위"一样，但x不是在y的上部，只是x脱离了y的作用域，在y的下部，公式如下：

UNDER(x, y)：EXCL(x, REGION(SURF(y)))&ABOVE(y, x)

下方概念的功能词可以分为"아래"、"下(面)"和"밑"、"底下"，从上述例句也可以看出确实有分工，但语料显示，不少例句二者是可以通用的。如：

(30) a. 형광등 밑(아래)에서 책을 보면 눈에 해롭답니다. (《표준국어대사전》)

b. 在日光灯下(底下)看书对眼睛有害。

a. 잃어버렸던 책을 책상 밑(아래)에서 찾았다. (《표준국어대사전》)

b. 在桌子下面(底下)找到了丢失的书。

a. 길가 돌담집 처마 아래(밑)서 비를 피하고…. (《표준국어대사전》)

b. 在路边石墙屋檐下(底下)躲雨。

a. 산사태가 나서 바윗돌이 절벽 아래(밑)로 굴러떨어졌다. (《표준

국어대사전》)

b. 山体滑坡，石头滚到悬崖下(底下)。

(31) a. 치마 밑(*아래)에 단속곳을 받쳐 입다. (《표준국어대사전》)

b. 裙子里边(？下面)穿上衬裤。

a. 손톱 밑(*아래)의 때를 볼펜 끝으로 호비다. (《표준국어대사전》)

b. 用圆珠笔抠指甲里边(*下面)的污垢。

a. 벌레 한 마리가 옴죽옴죽하면서 나무껍질 밑(*아래)에서 빠져나온다. (《표준국어대사전》)

b. 一只虫子蠕动着从树皮里边(*下面)爬出来。

仔细观察上述两组例句可知，如例(30)“아래”和“밑”一般是在x和y表示离析关系时通用。当x和y表示接触关系时则只能用“밑”，不能用“아래”。从例(31)b中可以发现，汉语通常用“里(边)”来指称实体内部的下方。

综上所述，表上下关系的功能词所指范围图示如下：

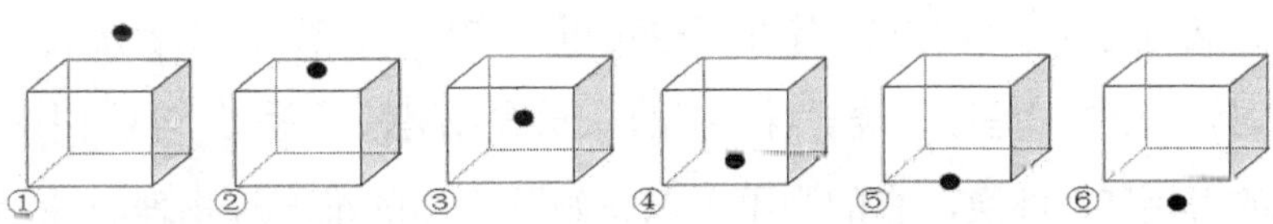

图7

图7中①表示“위$_2$”、“上$_2$”，②表示“위$_1$”、“上$_1$”，④表示“밑$_1$”、“底下$_1$”，⑤表示“밑$_2$”、“底下$_2$”，⑥表示“아래”、“下”。③意味着飘浮在中央，④、⑤和⑥都可用“밑”、“底下”来表达，汉语通常用“里(边)”表示④。

三、“里 / 中 / 内 / 外”和“안 / 속 / 밖 / 겉”

人以皮肤为界，把自己区别于其他对象，体验外部世界。身体可识解为以皮肤为界限表示内外关系的容器(container)。人们将对身体的认识投射到具体空间实体的认识中，如将房子识解为容器，甚至给无内外空间属性的石头赋予内外关系；再如“숲속/树林里”等表达中的实体“숲/树林”本身界限并不明确，而人们赋予它界限及内外关系。

朝鲜语和汉语表“里外”关系的空间功能词有“안/속/밖/겉”、“里/中/内/外”，成员多、关系复杂，但都主要以某一边界为基准，指示其内部和外部空间。

(一)“안”和“속”的认知语义解释及组配成分

关于“안”和“속”的差异，박경현(1987)曾指出“안”和“속”既可以通用，又有分工。如“집안(家里)”也可以用“집 속”表达，二者意义大致相同。“산속(山里)、숲속(树林里)、땅속(地里)、동굴 속(洞中)”则有的可用“안”替换，有的则不可以。她从实体的维度等物理属性出发考察“안”和“속”的选择限制。이지영(1989)指出，“안”和“속”之所以可以通用是因为“具体、界限明确的场所的内部”或即便是界限模糊、不明确，但由于使用频率高，被说话人赋予边界所致。

那么，说话人是具体怎么认知里外关系并选择“안”和“속”的呢？先看下例：

(32) a. 새가 조롱 <u>속에</u> 있다.

b. 새가 조롱 안에 있다.
（鸟在笼子里。）

当参照物容器为[+空]的实体(如"笼子")，且可以容纳容物(如"鸟")时"안"和"속"可以通用。但"房间"或"建筑物"或"汽车"，它们内部是空的，且"鸟"作为容物也能够进入其内部空间，但很难被认为是"鸟"被关着的空间。即，即使容器内包含对象，也不易将其识解为固定容物的参照物。此时，我们只能说"새가 방 안에 있다"、"새가 차 안에 있다"。因此，只考虑参照物的物理属性很难解释"안"和"속"的通用或选用现象。当容物为人，参照物为"방(房间)、교실(教室)、가게(店铺)、건물(建筑物)"时，用"안"比"속"更自然。而"감옥(监狱)，동굴(洞穴)"后面用"속"比"안"更自然。"감옥(监狱)"虽然是具体的、边界清晰的、可容纳容物的空间，但容物无法脱离参照物，与容物"鸟"与参照物"笼子"的关系类似，因此用"속"比"안"更自然。我们将这种特征归纳为[+隐蔽]。"그가 관 속에 있다(他在棺材里)"比"그가 관 안에 있다"更自然，也是因为"棺材"的[+隐蔽]特征。但性质类似的"교도소(看守所)"与"안"组合更自然，因为看守所关押犯人时间较短，与监狱相比其隐蔽性相对较弱。

(33) a. 벌레가 구멍 안으로 들어간다.
b. 벌레가 구멍 속으로 들어간다.
（虫子钻进洞里。）

(34) a. 토끼가 농장 안에서 뛰논다.
b. ?토끼가 농장 속에서 뛰논다.
（兔子在农场里蹦蹦跳跳。）

例(33)中的容物“벌레(虫子)”与参照物“구멍(洞)、병(瓶子)、상자(箱子)”等内部空间为空的实体时，通常会被认知为容物包含或关在参照物内部，因此“안”和“속”可通用。如果是像例(34)中“농장(农场)”一样的“마당(院子)、운동장(操场)”等参照物时很难被识解为某物被包含或关在其中。因此，用“안”比用“속”更自然。“산(山)、바다(大海)、사막(沙漠)”虽然也很难被识解为某物被包含或关在其中，但不像“마당(院子)”类参照物边界清晰，朝鲜语对边界模糊的实体倾向于用“속”，不用“안”来指示其内部空间。因此边界模糊的非离散的实体，如“물(水)、불(火)、안개(雾)”等与“속”组合使用。

综上所述，我们可以看出，当参照物的边界清晰时“안”和“속”可以互换通用。而当突出强调参照物是用来关其容物时，即便边界清晰也不宜使用“안”。当参照物的边界模糊、用来强调其内部空间时朝鲜语倾向于选用“속”。

유현경(2007)曾对“안”和“속”的组配成分进行过语料统计，共收集到2 482条“속”语料、1 373条“안”语料。其中“안”和“속”与名词组合使用的语料各占85.5%和85.4%。二者大多与名词组合使用，但名词小类的组配情况呈现较大差异。见下表：

表3 “안”和“속”与名词的组配情况

<table>
<tr><th>词性</th><th colspan="3">“안”与名词的组配情况</th><th colspan="3">“속”与名词的组配情况</th></tr>
<tr><td>名词小类</td><td colspan="2">例句数</td><td>比例</td><td colspan="2">例句数</td><td>比例</td></tr>
<tr><td>事物名词</td><td rowspan="7">1 173例</td><td>58例</td><td>4.94%</td><td rowspan="7">2 122例</td><td>642例</td><td>30.25%</td></tr>
<tr><td>抽象名词</td><td>25例</td><td>2.13%</td><td>593例</td><td>27.94%</td></tr>
<tr><td>指人名词</td><td>149例</td><td>12.70%</td><td>316例</td><td>14.89%</td></tr>
<tr><td>处所名词</td><td>921例</td><td>78.52%</td><td>246例</td><td>11.59%</td></tr>
<tr><td>时间名词</td><td>15例</td><td>1.28%</td><td>16例</td><td>0.75%</td></tr>
<tr><td>气象名词</td><td>0例</td><td>0%</td><td>309例</td><td>14.56%</td></tr>
<tr><td>数量词</td><td>5例</td><td>0.43%</td><td>0例</td><td>0%</td></tr>
</table>

从表3可以看出，"속"的组配成分中所占比率最高的是事物名词，其次是抽象名词。"안"与处所名词组合上明显比"속"占优势，而与事物名词、抽象名词的组配能力不如"속"强。不仅如此，"속"还可以与气象名词组配，而"안"则否。具体看下例：

(35) a. 지갑 속(안)에 가족사진이 있다.
(钱包里有全家福。)
b. 빵 속(? 안)에 팥이 들어 있다.
(面包里有豆沙。)
c. 땅속(? 안)에 감자를 파묻다.
(把土豆埋在地里。)

例(35)中"지갑(钱包)、빵(面包)、땅(地)"都是普通事物名词，"안"和"속"如上表都能与之组合，但如果该事物具有[-空]，即[+满]的特征时，朝鲜语更倾向于用"속"来指示其内部空间。如例(35)b、c。因此从表3中也可以看到，事物名词与"속"组合的比例比"안"高。

(36) a. 난 아직도 추억 속(*안)의 그녈 잊을 수 없어.(《고려대 한국어대사전》)
(我到现在都忘不了记忆中的她。)
b. 아이들은 부모의 사랑 속(? 안)에서 즐겁게 성장한다.(《교학사 현대중한사전》)
(孩子们在父母的关爱下快乐地成长。)
c. 두 사람은 후일을 기약하며 아쉬움 속(*안)에 헤어졌다. (《고려대 한국어대사전》)
(两人约好日后再见，依依惜别。)

如例(36)所示，“추억(记忆)、사랑(关爱)、아쉬움(遗憾)”等抽象名词很难与“안”组合，因为抽象名词本身界限模糊，而又可以视其为内部是满的一种抽象的虚拟物，它与[+满]的具体事物在人的头脑当中形成的意象图式是一致的，因此表3中显示，抽象名词与“속”组合比例要比“안”高。其次，像气象名词“안개(雾)、태풍(台风)、노을(晚霞)、무더위(酷暑)、구름(云)”等都是具体存在的自然现象，但都属边界模糊的具有[-空]、[+满]特征的实体名词，因此同样这类名词与“속”组合比例要比“안”高。

从表3可以看出，处所名词多与“안”组合。具体看下例：

(37) a. 방학 기간이라 그런지 학교 안(*속)이 매우 썰렁하다.(《고려대 한한중사전》)
(可能因为是假期的缘故，校园内很是冷清。)
b. 모든 병원 안(*속)에서는 흡연을 금하고 있습니다.(《한국외대 한국어학습사전》)
(所有医院里都禁止吸烟。)
c. 대합실 안(*속)은 많은 사람들로 붐비고 있었다.(《한국외대 한국어학습사전》)
(候车室里因为人多很拥挤。)

处所，如“학교(学校)、병원(医院)、대합실(候车室)”等大部分都是供人出入的客观实体，即具有边界清晰、[+空]的特征，它们有别于“산(山)、사막(沙漠)、바다(大海)”等具有处所性质的、边界模糊、[-空]的客观实体，因此前者通常用“안”，后者则常用“속”。

（二）汉源空间功能词“내”和“중”

朝鲜语汉源词“내”和“중”，在指示空间内部方面比固有词“안”和“속”受限较多、使用范围也窄。例如：

(38) a. 방안(*내/*중)에 사람이 있다.
(屋里有人。)
b. 교실안(*내/*중)으로 새가 날아들었다.
(教室里飞进来一只鸟。)
c. 전철 안(*내/*중)에 우산을 빠뜨렸나 보다.
(雨伞像是落在地铁里了。)

(39) a. 건물 내(안/*중)에 소화기를 비치해 두다.
(楼内备有灭火器。)
b. 아파트 내(안/*중)에 식수대를 설치하였다.
(公寓内安装了饮水台。)
c. 공장을 공업단지 내(안/*중)로 옮겼나.
(把工厂迁到了工业园区内。)

从例(38)、(39)可以看出，“안”与空间处所词组合较自由，“내”则受一定限制，“중”却几乎不能和处所词组合。

至少能肯定的是“내”很少用在固有词之后，通常用在汉字词后。如：

(40) a. 동네 안(*내)에는 여자들과 노인들뿐이있다.
(村里只有女人和老人。)
b. 논밭 안(*내)에서 뛰논다.

(在田地里玩耍。)

c. 뜰 안(*내)에 감나무 한 그루가 가지를 뻗고 있다.

(院子里有一棵柿子树长出了枝丫。)

"중"虽不能与处所词组合，但可以与事物名词组合指示实体的内部空间。如：

(41) a. 해수 중에 녹아 있는 산소.(《표준국어대사전》)

(溶于海水中的氧气。)

b. 공기 중에 떠다니는 바이러스.(《표준국어대사전》)

(空气中漂浮的病毒。)

c. 진흙 중에서 나온 연꽃.(《표준국어대사전》)

(泥土里长出来的莲花。)

d. 그의 혈액 중에서 검출된 알코올 농도가 면허 취소 수준에 이르렀다.(《고려대 한국어대사전》)

(从他的血液中检测出的酒精浓度达到了吊销驾照的程度。)

"중"并不是与所有事物名词组合表示实体内部空间，仅限于非离散实体。如上例中的"해수(海水)"、"공기(空气)"、"진흙(泥土)"、"혈액(血液)"都属于无界的、不可数的名词。

(42) a. 우리 집 강아지 중에 얼루기가 제일 영리하다.(《표준국어대사전》)

(我们家的小狗中，斑点最机灵。)

b. 고서 중에는 낙질이 많다.(《표준국어대사전》)

(古籍中有很多缺卷 。)

c. 고상초도 바다풀 중 하나이지.(우리말샘)

(江蓠也是海藻之一。)

d. 오렌지 중에도 달콤한 것과 시큼씁쓸한 것이 있다.(《표준국어대사전》)
(橙子中也有甜的和酸苦的。)

例(42)中的"강아지(小狗)"、"고서(古籍)"、"바다풀(海藻)"、"오렌지(橙子)"虽为有界的、可数的普通名词，且与"중"组合，但并不表示这些实体的内部，而类指这些事物，表示"集合"。

(三)"밖"和"겉"的认知语义解释及组配成分

朝鲜语里指示外部空间的功能词主要有"밖"和"겉"，二者分工明确，不大能通用。"겉"主要用来表达空间实体的表皮、表面，因此"겉"指示的实体外部通常与参照物构成整体和部分关系。如：

(43) a. 춘권피 겉에 달걀흰자를 고루 바르고……(《레이디경향》，2011년 2월)
(春卷皮表面均匀地涂上蛋清……)
b. 저는 호박 겉을 통통 튕겨 보면 익었는지 대번에 알 수 있습니다.(우리말샘)
(我只要把南瓜表面弹一下就能知道熟没熟。)

例(43)中"춘권피 겉(春卷皮表面)、호박 겉(南瓜表面)"的"겉"，都可以替换成"껍질(皮)"。有时还可以与"껍데기(壳)"等词组合使用，指出与该实体的部分关系，也可以与"안"一起使用，指示整个二维实体。如：

(44) 소나무 어린 가지의 겉껍데기를 벗겨 내고…… (최명희, 《혼불》)
(剥去松树幼枝的外皮……)

(45) 평면인 종이를 길쭉한 직사각형으로 오려서 그 양 끝을 맞붙이면 역시 안과 겉 양면이 있게 된다.(조세희, 《뫼비우스의 띠》)
(将纸剪成长长的矩形条，两端对接，会出现里外两面。)

上述关系可用下图表示：

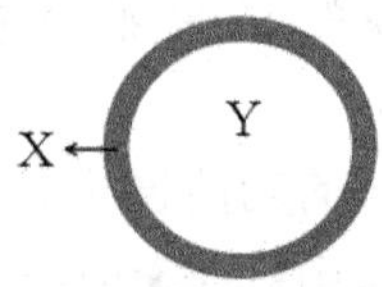

图8

图8中“X”表示“겉”，“Y”表示“안”。

有时“겉”还可以表示二维、三维实体的外部空间，即两个实体中一个实体黏附于另一个实体上，非整体和部分关系。

(46) a. 엽전 겉에다가 구리물을 입혔을 뿐입니다.(유현종, 《들불》)
(只是在铜钱表面镀上铜水而已。)

b. 꽃씨나 포기가 날아다니다가 나무줄기나 바위 겉에 뿌리를 내리면 꽃을 피우고 살아간다는 거지. (김성희, 《빨간약》)
(花籽儿或棵子飞来飞去，在树干或岩石表面扎下根来就会开花生长。)

c. 봉투 겉에 주소를 쓰다. (《표준국어대사전》)
(在信封上写地址。)

d. 나는 소포를 부치면서 보낼 상자 겉에 주소를 쓰는 걸 깜박했다.

(《고려대 한국어대사전》)

(我寄包裹时忘记在要寄的箱子外面写地址了。)

上述关系可用下图表示：

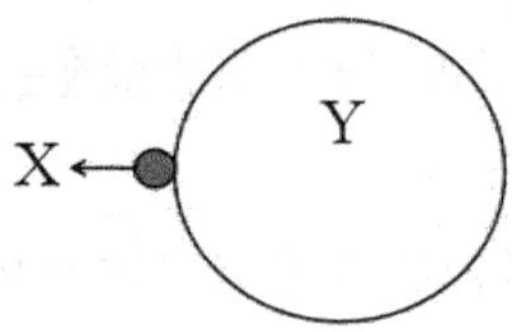

图9

不管是用来指示一个实体的部分，还是两个实体中一个实体和另一个实体的黏附关系，"Y겉"中的"겉"都可以省略不说，也不影响句义。如：

(47) a. 춘권피에 달걀흰자를 고루 바르고……

b. 저는 호박을 통통 튕겨 보면 익었는지 대번에 알 수 있습니다.

(48) a. 엽전에다가 구리물을 입혔을 뿐입니다.

b. 꽃씨나 포기가 날아다니다가 나무줄기나 바위에 뿌리를 내리면 꽃을 피우고 살아간다는 거지.

c. 봉투에 주소를 쓰다.

d. 나는 소포를 부치면서 보낼 상자에 주소를 쓰는 걸 깜박했다.

"밖"则不能指示实体的部分，也很难指示两个实体之间的黏附关系。上例(47)、(48)都不能用"밖"替换。如：

(49) a. *춘권피 밖에 달걀흰자를 고루 바르고……

b. *저는 호박 밖을 퉁퉁 튕겨 보면 익었는지 대번에 알 수 있습니다.

(50) a. *엽전 밖에다가 구리물을 입혔을 뿐입니다.

b. *꽃씨나 포기가 날아다니다가 나무줄기나 바위 밖에 뿌리를 내리면 꽃을 피우고 살아간다는 거지.

c. *봉투 밖에 주소를 쓰다.

d. *나는 소포를 부치면서 보낼 상자 밖에 주소를 쓰는 걸 깜박했다.

当两个实体构成一种离析关系时，才有可能用“밖”来表示两者之间的关系。박경현(1987) 曾指出“밖”的使用条件：

① X应脱离Y的领域或范围，处于外部。

② Y应该是具有界限的二维或三维实体。

③ 从大小来看，X可以小于Y，也可以大于Y。

④ X处于Y外部的上下、前后、左右哪个位置都无关。

从박경현(1987) 列出的条件来看，当两个实体X和Y构成离析关系、Y的边界清晰，即可用“밖”来指示X和Y的里外空间关系。看下例：

(51) a. 축구공이 상자 밖에 있다.

(足球在箱子外边。)

b. *축구공이 바위 밖에 있다.

(足球在岩石外边。)

(52) a. 선희가 원 밖에 서 있다.

(善姬站在圈外。)

b. *선희가 그림 밖에 서 있다.

（善姬站在画外边。）

例（51）、（52）中的Y“상자（箱子）、바위（岩石）”、“원（圈）、그림（画）”，从实体的维度、边界清晰、与X构成离析关系等方面都满足上述使用条件。但只有a成立，b则不成立。我们发现除了这些条件以外，还需要满足Y应该是可供出入的实体，即[−满]、[+空]的实体。如：

（53）a. 경기장 밖은 유료주차장으로 활용되고 있다.（동아일보사，2002）
（赛场外被用作收费停车场。）
b. 공항 밖으로 나오니 그새 어둠이 밀려와 있었다.（이혜경，《꽃그늘 아래》）
（走出机场一看，夜幕已经降临。）

（54）a. 비행기 밖으로 나서는 순간부터 섭씨 35도를 웃도는 더위 속으로 떨어지고 말았다.（《중앙일보》，2000）
（走出飞机的那一刻，人一下了被搁在35摄氏度以上的酷暑中。）
b. 장애인 아저씨를 얼른 전동차 밖으로 끌어내더니……（《좋은생각》，1999）
（把残疾人大叔拉到电车外……）

（55）a. 저희 집 대문 밖으로 나오면 제 딴엔 태연하게 보이느라고……（이혜경，《꽃그늘 아래》）
（从我家大门出来，就是为了显得自己很泰然自若……）
b. 현관문 밖에 과일을 놓고……（《좋은생각》，1999）
（在玄关门外放了水果……）

（56）참새들은 쉽게 당산나무 밖으로 나갈 수가 없었습니다.（곽재구，《아기참새 찌꾸》）

(麻雀无法轻易离开保寨树。)

例(53)的“경기장(赛场)、공항(机场)”都是可供人出入的处所,例(54)中“비행기(飞机)、전동차(电车)”虽为事物名词,但作为载人的交通工具,涉及到出入。例(55)中事物名词“대문(大门)、현관문(玄关门)”作为出入处所的功能物件,以它为界可以划分内部空间和外部空间。例(56)也不例外,事物名词“당산나무(保寨树)”在该语境中就是供麻雀栖息的、可出入的空间处所。因此例(51)~(56)都可用“밖”来指称该处所、事物的外部空间。

(四)“里”、“中”、“内”的认知语义解释及组配成分

《说文解字》云:“里,衣内也。从衣。”方位词“里”是从名词“表里”的“里”演变而来,最初是指衣服的里子,跟“表”相对应。“里”原指一个平面,强调跟朝向观察者的一面相对应的另一面,但很难观察到相对应的另一面是平面还是三维的空间,由此“里”获得了表示“在一定界限以内的空间范围”的功能。(汪维辉 1999,吕兆格 2005)不难推测,“里”指空间实体内部时暗含或强调实体的边界。

《说文解字》云:“内,入也。从冂,自外而入也。”根据孙云鹤(1986)的考察,“内”在甲骨文中是个会意字,“冂”是覆,“入”就是易进入之尖头物,“入”被蒙覆,不得进入他物,覆在外,入在内;“内”则最初与动作“从外而入”有关,进入或出入某实体必定要有界限,亦即强调边界。

《说文解字》云:“中,内也,从口、丨,上下通。”甲骨文字形的“中”像旗杆,上下有旌旗和飘带,旗杆正中竖立。本义是表示“中

间”义，有两个参照项，强调两项的“中央”、“正中”。又由“中央、中间”义引申为“一切之中”，有“里面”义，“中”表示的方所经常是“中间”与“里面”交织在一起。

在现代汉语中“里”、“中”、“内”三者在意义和用法上有共同之处，但来源不同，用法上也有差异。如，边界清晰、边界模糊、无边界实体都可以后面加“里”和“中”，“内”基本在边界清楚的实体名词后出现。这种差异与上述来源有密切的关系。

下面主要从实体维度看“里、中、内”的分工。从一维实体与“里、中、内”的组配情况来看，虽然三者都可以一维线状实体组合，但指示范围却不同。如：

(57) a. 在高地的防线里(*内/中)只见炮队和散兵，其余的一下子全都不见了。

b. 当有人使用投票间时，任何人都不可以进入黄线内(？里/*中)的范围。

例(57)a中“炮队和散兵”在“防线”之中，并不是在防线的另一侧；例(57)b则相反，说明“人”在“黄线”的另一侧，并非在黄线之中。“线里/线中”不是指以线为参照的另一侧，而是指有一定宽度的线的内部。“线内”指以线为参照的另一侧。如图所示：

图10

一般二维实体不与“里、中、内”组配使用，如：

(58) a. 墙上(*里/*内/*中)挂着一张中国地图。

b. 地板上(*里/*内/*中)铺着一张竹席。

(59) a. 大门内(*上)院子里人来人往，行动都很匆忙，空气有点异样。

b. 从钉着木栏的窗户里(*上)传出此起彼伏的读书声。

c. 从彩车的窗帘中(*上)伸出一只精致洁白的小手。

“墙、地板、门、窗户、窗帘”都是二维实体，其中“门、窗户、窗帘”等实体具有划界义，后接“里、中、内”等容器标记后，指“门、窗户、窗帘”为界限的内部空间。如下图：

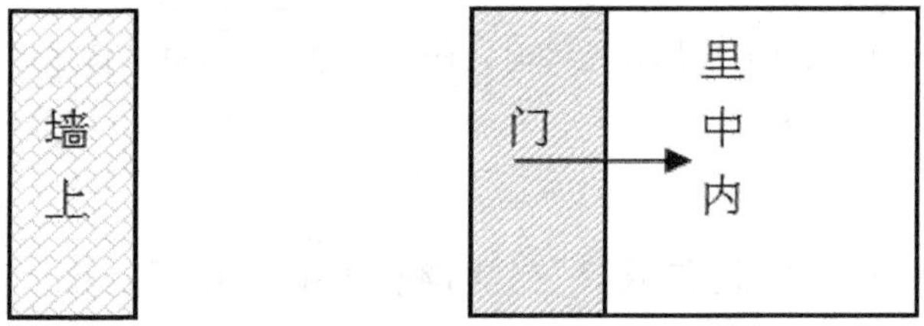

图11

二维实体具有划界功能时，不会按常规的选择用“上”来表达。这种现象跟实体的功能属性密切相关。

“里、中、内”都可以指示三维实体内部，经常可以互相替换使用。如：

(60) a. 有条件的地方亦多动员市内企业将钱存在这些银行内(里/中)。(CCL语料库)

b. 洞内(里/中)有倒挂的钟乳石，从地面"长"出来的石笋、石柱等。

c. 一间大教室里(中/内)可容纳200多名学生。

"里"和"内"可指三维实体的内壁，"中"则一般不能指实体内壁。如：

(61) a. 他从窗台上拿下两个粗瓷大碗，碗里(？中)沾满了灰尘。

b. 箱子里(*中)涂上了一层油漆。

c. 某夫妇新婚，洞房内(？中)贴有家规。

例(61)a、b、c中共现的"沾、涂、贴"等动词表明"碗里"、"箱子里"、"洞房内"确指实体"碗、箱子、洞房"的内壁。以句中共现动词"贴"为例，我们对"里"、"内"、"中"指实体内壁时的使用情况进行了考察。CCL语料库检索系统显示如下表。

表4　动词"贴"与"里、中、内"组配情况

容器标记	实体内壁 (以动词"贴"为例)	
里	18例	58%
内	12例	39%
中	1例	3%

从上表中也可以看到，“中”通常不能指实体的内壁，这与三者的来源有关。上文谈到“里”原指“衣服的里子”，即来源于“表里”的“里”，也正如此在表达实体表面时用“上”，指内壁时用“里”；“内”最初指“自外而入”强调突破边界，即边界要素尤为重要；“中”本义表示“中间”、“正中”，边界要素相对模糊。三个容器标记强调的要素不同，导致了用法上的差异。

下面的几种情况，三者也有较明显的分工。

第一，三维实体具有[+满]的物理特征。如：

(62) a. 石头里(中/*内)的有些物质，如石英、云母等颗粒的分子吸引力较大。(CCL语料库)

b. 任何一个蠢材也能数清苹果里(中/*内)的种子。(CCL语料库)

c. 不断搅拌可使鸡蛋里(中/? 内)的蛋白质大分子变成分子量较小的多肽。(CCL语料库)

当实体具有[+满]的物理特征时，可用“里、中”指实体内部，不能用“内”。可见“内”要求实体为[+空]，同时“内”强调实体的边界。如果边界模糊通常也不能用“内”来指实体内部。

第二，边界清晰与否。如：

(63) a. 警察还注意到箱子内(里/中)散发出一股死尸臭味。

b. 他从抽屉内(里/中)拿出5元钱，递给我……

(64) a. 在过去修行的时候，为了厌烦趋静，就到深山中(里/*内)修道。

b. 沙漠里(中/*内)的动植物虽然不多，但都有耐旱、耐渴的本领。

c. 现在的西湖和杭州城当时都还淹没在一片碧波荡漾的大海里(中/*内)。

d. 军马“尖子”的葬礼在茫茫大草原中(里/*内)举行。

例(63)中“箱子、抽屉”边界清晰，此时“里、中、内”三者通用。而例(64)中“山、沙漠、大海、草原”边界相对模糊，而且从“空、满”的属性上来看，都被识解为“满”类实体，因此不能用“内”。再看下例：

(65) a. 小鸟在空中(*里/*内)飞翔。

b. 我们来北京在途中(*里/*内)遇见了老乡。

“空(天空)”、“途(路途)”是无界事物，通常后面只能使用“中”。换言之，这些具有无限义的名词后面只能接“中”。(邢福义 1996) 从来源来看，“中”的本义是在中间处竖立一面旗帜，竖立旗帜的地方一般是比较空旷的地方。(杨辉 2008) 也就是说，“中”可以用在无界事物名词后面是有理可据的。但并不是所有无界事物就不可以用“里”来修饰，如：

(66) a. 把药片放入水里(中/*内)。

b. 照片放在火里(中/*内)烧掉了。

我们选取“边界清晰—边界模糊—无边界”的名词样例进行了考察。统计显示(语料来自CCL语料库检索系统)如下表。

表5 边界与"里、中、内"组配情况

样例		里		中		内	
边界清晰	盒	340例	64.27%	112例	21.17%	77例	14.56%
	教室	624例	90.57%	25例	3.63%	40例	5.80%
	洞	1 663例	63.79%	575例	22.06%	369例	14.15%
边界模糊	山	1 923例	51.04%	1 793例	47.58%	52例	1.38%
	海	1 815例	39.01%	2 837例	60.97%	1例	0.02%
	沙漠	281例	34.69%	523例	64.57%	6例	0.74%
无边界	水	2 581例	36.70%	4 434例	63.04%	18例	0.26%
	火	243例	24.62%	744例	75.38%	0例	0.00%
	空气	294例	18.05%	1 333例	81.83%	2例	0.12%
	雨	355例	18.15%	1 601例	81.85%	0例	0.00%

通过表格可以看出边界清晰、边界模糊、无边界实体都可以后加"里"和"中"，"内"基本在边界清楚的实体名词后出现。值得关注的是"里"和"中"对实体边界的要求正好相反，实体边界越清楚越倾向于用"里"、实体边界越模糊越倾向于用"中"。如下图：

边界清晰 > 边界模糊 > 无边界

里 ———————————————— 中

图12

仔细观察上表还可以发现，无边界(非离散)实体“水”用“里”的比例比“火、空气、雨”等无边界实体用“里”的比例相对高一些，更接近于边界模糊的实体。“水”有别于其他非离散实体。即“水”虽无形，但通常可以用其他容器盛装，“水”有容器类借用量词，如“杯、碗”等。因此用“里”的比例要高于其他非离散实体。也就是说，量词可作为衡量一个实体具有“离散”特征还是“连续(非离散)”特征的重要标准之一。

非离散体加上方位词，使之领域化、离散化。“里”类方位词(容器标记)不仅对实体进行领域化、离散化，也对抽象实体或概念进行领域化、离散化。如：

(67) a. 小时候有一次从梦里醒来，看到那暗屋子，曾经大声地嚷过的——“怕！”。(穆时英，《夜总会里的五个人》)

b. 这在一家人生活中真是了不得的一件大事！(沈从文，《萧萧》)

c. 两个人顿时都沉默了，这沉默里包含了两个共产党人无尽的语言……

例句中抽象概念“梦”、“生活”、“沉默”都具有无边界、非离散的特征，通过方位词“里”、“中”使之领域化、离散化。

抽象的事物是看不见摸不着的，对其进行领域化(容器化)的背后由隐喻机制在运作，我们常用表示具体空间实体的词或标记来表达抽象概念，此时遵守恒定原则，即从具体概念映射到抽象概念的过程当中图式结构保持不变。上文谈到“中”在指实体内部时凸显中央、边界被淡化，而“里”和“内”则凸显边界，尤其是“内”。这种差异映射到抽象概念当中，如上例的“梦”、“生活”、“沉默”等作为抽象概念被识解为边界模糊或无边界的概念，所以领域化或离散化时会多使用“中”。如：

表6　抽象概念与“里、中、内”组配情况

样例	里		中		内	
梦	883例	23.86%	2 817例	76.14%	0例	0.00%
生活	602例	5.17%	11 035例	94.82%	1例	0.01%
沉默	17例	7.76%	202例	92.24	0例	0.00%

综上所述，“里”、“中”、“内”用法上有交叉，它们之间的差异如图示：

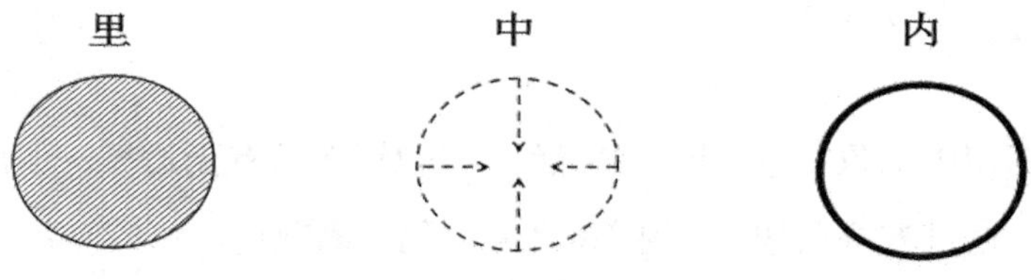

图13

（五）“外”的认知语义解释及组配成分

“外”相对于“里”、“内”，指实体的延展空间。“外”没有形状上的要求，换言之，对实体外部世界没有形状上的要求。如“桌子在教室外”中“桌子”究竟在什么形状的空间不得而知，句子只凸显桌子没有在教室这个容器里。

说“X在Y外”时，Y通常大于X。如：

(68) 墙外有一棵枣树。

我们说“Y外”时Y是参照物，“Y外”为句子的背景部分。例(68)中的“墙外”指以“墙”为参照的向外延展的空间，是“枣树”存在的背景。“里外”关系中，“里”为焦点，“外”为背景，因为“外”的所指空间是开放的。

再看下例：

(69) a. ? 墙外有一座山。

b. ? 操场在教室外。

虽然“Y外”指称开放的、延展的空间，但是句子成立与否还要符合一条普遍的认知规律，即通常人们将体积较大、相对固定的事物看作是背景(参照物)。(Talmy 2000、刘宁生 1994) “墙外”指无限大的空间，但参照物“墙”与焦点“山”的大小悬殊过大，我们不宜将“墙”作为参照物来看待。如，我们不说“邮局在柳树旁”是一样的，就像我们说“井底(之)蛙”，不说“蛙外(之)井”也是一个道理。

“外”除了对大小有要求以外，参照物应具备[+空]或[+出入]的特征。如：

（70）a. *他蹲在一个大石头外。

b. *我站在雪球外照了一张相。

（71）a. 姚之队不想让我走出车外，但我想走走。（CCL语料库）

b. 在厂办纺织中专的教室外，我见到了工会组长盛桂兰。（CCL语料库）

例（70）中“石头、雪球”为[-空]、[-出入]的实体，这类名词后面不能带“外”。而例（71）中“车、教室”具备了[+空]、[+出入]的特征，因此后面可以带“外”。

（72）a. 把衣服从柜子里拿出来。

→?把衣服拿到柜子外。

b. 水从杯子里流出来了。

→？水流杯子外了。

例（72）中“柜子、杯子”具备了上述的特征，可仍不宜用“外”来指实体的外部。邹韶华（2001）指出，人们在认识和表达事物的方位时，通常是将它包容在相邻的一个更大的范围内，说它在“N里”，而不是将它排除在自身的范围之外，说它在“N外”。

“外”还可指三维实体的外壁。如下例，可以将指表面的“上”替换成“外”。

（73）a. 拿蘸了墨水的刷子在箱子上（外）写好自己的缩写姓名。（CCL语料库）

b. 货运北京，箱子上（外）写明天津收，这样运费就便宜。（CCL语料库）

第二节　音节与语义功能

较早对单双音节方位词进行比较研究的是吕叔湘。吕叔湘(1984)在《方位词使用情况的初步考察》一文中，以封闭语料的统计揭示了单双音节方位词在使用上的若干差异，如：①单音节方位词主要出现在名词后边和介词后边，双音节方位词也出现在这两种位置上。在这两种位置之外，一般要用双音节方位词，单音节方位词只在对举的场合出现，如"东也闹兵，西也闹兵"、"管前不顾后"；②介词和单音节方位词组合时两方面都要受到一定的限制。在介词方面，"往"出现最多，"向、朝、冲"用例较少；双音节方位词和介词组合时不受其他限制，但"往、朝、向"的后面接单音节方位词要比接双音节方位词多得多。③单音节方位词和双音节方位词的选择跟前面名词的音节无关，但可能与语体有关。书面语中多用单音节方位词，而口语中则多用单音节方位词。该文既有定量统计，又有定性分析，指出了方位词使用中不对称现象，对后来的相关研究产生了重要的影响。

之后双音节方位词产生的时间、双音节方位词产生的原因，蔡言胜(2005)、林晓恒(2006)、邱斌(2008)从各种不同的角度都进行过详细的考察和探讨。

可见，汉语学界一直关注单纯方位词和合成方位词的产生和异同。而朝鲜语学界对方位词(空间功能词)的研究，主要关注同义方位词之间语义辨析，并没有从音节或单纯、合成等角度对其进行考察。

一、双(多)音节方位词形态对比

现代汉语方位词可以分为单音节的单纯方位词和双音节的合成方位词两类。单纯方位词包括“上、下、前、里、外、内、中……”，合成方位词由单纯方位词加上“边、面、头”等后缀构成。③ 如下表：

表7 汉语合成方位词

	-边	-面	-头
上	上边	上面	上头
下	下边	下面	下头
前	前边	前面	前头
后	后边	后面	后头
里	里边	里面	里头
外	外边	外面	外头
内	—	—	—
中	—	—	—

③ 关于汉语单纯方位词和合成方位词，学界有不同的看法。如，张斌主编的《现代汉语描写语法》(2010)认为，在单纯方位词后面加“头、边、面、方”等组成的格式不应看作合成方位词。该书将单纯方位词前加上“以、之”构成的方位成分视作方位词。朱德熙(1982)则将单纯方位词与“头、边、面”等组成的成分，归为合成方位词。本节暂且也将由“头、边、面”构成的方位词成分视为合成方位词来进行研究。

“内”和“中”不能加“边、面、头”。由“中”构成的合成方位词有“中间”。

朝鲜语单纯方位词(方位名词)主要有，固有词“위、아래、앞、뒤、안、속、밖……”和汉字词“상(上)、하(下)、전(前)、후(后)、내(内)、중(中)、외(外)……”等。单纯方位词加上“쪽、측、편”等后缀构成合成方位词。“쪽”是固有方位后缀，“측(侧)、편(便)”是汉字方位后缀。如下表：

表8　朝鲜语合成方位词

单纯方位词		合成方位词		
		-쪽	-측	-편
“上”类	위	위쪽	—	위편
	상	—	상측	—
“下”类	아래	아래쪽	—	아래편
	하	—	하측	—
“前”类	앞	앞쪽	—	—
	진	—	—	—
“后”类	뒤	뒤쪽	—	뒤편
	후	—	후측	—
“里”类	안	안쪽	안측	—
	속	—	—	—
	중	—	—	—
	내	—	내측	—
“外”类	밖	—	—	—
	외	—	외측	—

从上表可以看出，有些单纯方位词可以与“쪽、측、편”组合构成合成方位词，有些则不能与其中任何一个组合构成合成方位词。“쪽”和“편”多与固有词组合，“측”多与汉字词组合。总之，汉语单纯方位

词与“边、面、头”组合呈现出整齐的样貌，而朝鲜语则否。

二、单双(多)音节方位词使用范围对比

据贝罗贝等(2015)统计，上古时期的汉语方位词大多为单音节，而且和现代汉语相反，可作处所词，能单独使用来表示地点。可充当主语、宾语甚至状语，见例(74)~(77)。还可以在名词后做方位词指示空间方位，见例(78)~(82)。如：

(74) 瞻之在前，忽焉在后(《论语・子罕》)
(75) 周公居东二年(《尚书・金縢》)
(76) 今拜乎上(《论语・子罕》)
(77) 晋侯在外十九年矣(《左传・僖公二十八年》)
(78) 王坐于堂上(《孟子・梁惠王上》)
(79) 王立于沼上(《孟子・梁惠王上》)
(80) 则是方四十里，为阱于国中(《孟子・梁惠王下》)
(81) 孟孙立于房外(《左传・定公六年》)
(82) 射其左，越于车下；射其右，毙于车中(《左传・成公二年》)

现代汉语大多单音节方位词不能单独使用，除了文言文中的固定短语，如“上有天堂，下有苏杭”，以及前置词“朝、向、往”的宾语，如“朝/向/往前看”。

单音节和双音节方位词语义上的分化早在中古汉语时期就已出现。前中古时期，一些方位词意义开始模糊化。中古汉语早期时候这种趋势逐渐增强。一些单音节方位词不再能描述“精确的位置”(“定向性”)，而描述的是“模糊的定位”(“泛向性”)。(吕叔湘 1984) 方位词

的语法功能完全覆盖了其基础的语义值。(贝罗贝 2015)

(一) 所饰成分的音节

首先，汉语单双音节方位词所修饰成分的音节有所不同。单音节方位词修饰成分，既可以是单音节也可以是多音节。如：

(83) 海上、海面上、桌下、桌子下、空中、天空中、室外、教室外、窗前、窗户前、门后、大门后……

双音节方位词则通常与双音节方位词组合使用。如：

(84) ？桌下面、*室外面、*窗前面……([1+2])
桌子下面、教室外面、窗户前面……([2+2])

也有双音节方位词与单音节词组合的情况，如“门后边、屋里头”等，但没有比双音节词更普遍。

与汉语形成对照，朝鲜语方位词不管是单音节(单纯)方位词还是多音节(合成)方位词，与其组合的成分既可以是单音节也可以是多音节。如：

(85) a. 방 안, 상자 안, 주머니 안
b. 방 안쪽, 상자 안쪽, 주머니 안쪽
a. 산 위, 마을 위, 계산대 위, 흙구덩이 위
b. 산 위쪽, 마을 위쪽, 계산대 위쪽, 흙구덩이 위쪽

（二）“定向性”与“泛向性”

汉语方位词根据其音节数，在指称具体的空间方位还是抽象概念，有一定的倾向性。吕叔湘(1965)通过语料统计发现，泛向性(抽象概念)④的例子基本上都是单音节(上、里、中)。吕叔湘(1956：272)在《中国文法要略》中注意到单音节方位词和双音节方位词在表达方所意义方面的差异。“上”、“下”、“里”等单音节的方位意义模糊，双音节方位词“里头”、“上头”、“底下”等方位意义明晰。刘清平(2021)的“里”类方位词的个案考察与吕文的研究结果一致，文中指出双音节的“里面/里边/里头”倾向于与空间性强、边界明确的NP组配；NP的实体空间性弱，则倾向与“里”组配。所以“里面/里边/里头”与建筑类、可容物类、划界物类NP的组配能力强，而与抽象类、时间类NP的组配能力弱。

据观察，朝鲜语单纯方位词、合成方位词在定向性和泛向性上也呈现出一定的倾向性和分工。

表9　朝鲜语合成方位词的定向性的语料统计

	合成方位词					
	-쪽	语料数/定向性	-측	语料数/定向性	-편	语料数/定向性
위+方位后缀	위쪽	34例/100%	—		위편	2例/100%
상+方位后缀	—		상측	1例/100%	—	
아래+方位后缀	아래쪽	33例/100%	—		아래편	3例/100%
하+方位后缀	—		하측	1例/100%	—	
앞+方位后缀	앞쪽	37例/100%	—		—	

④ 吕叔湘(1965)讨论方位词“上”时发现，与抽象名词组合的“上”谈不上其方向，因此说“上”有两个意义，一个是“定向性”的，一个是“泛向性”的。

（续表）

	合成方位词					
	–쪽	语料数/定向性	–측	语料数/定向性	–편	语料数/定向性
전+方位后缀	—		—		—	
뒤+方位后缀	뒤쪽	162例/100%	—		뒤편	106/100%
후+方位后缀	—		후측	1例/100%	—	
안+方位后缀	안쪽	140例/100%	안측	1例/100%	—	
내+方位后缀	—		내측	4例/100%	—	
외+方位后缀	—		외측	3例/100%	—	

总体上，朝鲜语合成方位词使用频率没有单纯方位词高。语料显示，NAVER词典中朝鲜语固有单纯方位词多于"–쪽"组合构成合成方位词，使用频率相对较高。

从收集到的双音节方位词（合成方位词）的组配成分来看，朝鲜语合成方位词都用来表达具体的空间方位义，无一例是用来表达抽象概念的。单音节方位词（单纯方位词）则既可以表达具体空间义，又可以表达抽象概念义。如例（86）中的单纯方位词"앞"、"아래"可以修饰"사흘（三天）"、"계획（计划）"等组合表示时间、条件等抽象概念，合成方位词"앞쪽"、"아래쪽"则否。

(86) a. 약속한 날짜가 사흘 앞(*앞쪽)으로 다가왔다.
(离约定的日期还有三天。)
b. 그 일은 치밀한 계획 아래(*아래쪽) 진행되었다. (《표준국어대사전》)
(那件事是在周密的计划下进行的。)

朝鲜语单纯方位词隐喻表达抽象概念，详见本书第三章第一、二、三节。

汉语和朝鲜语单双音节方位词都在表达具体空间概念义方面有交叉，那么单双音节表义功能是否完全一致？先看下例：

(87) a. 剧本上有咖啡渍。

b. 剧本上边有咖啡渍。

(88) a. 游戏儿歌：不能穿孔的乒乓球，乒乓球，圆溜溜，报纸上面滚呀滚，掉进孔里算你输，算——你——输。(《都市快讯》，2003)

b. *游戏儿歌：不能穿孔的乒乓球，乒乓球，圆溜溜，报纸上滚呀滚，掉进孔里算你输，算——你——输。

例(87)中的“上”和“上边”都表示空间实体的表面，而例(87)b中“上边”可接受度更高一些。例(88)亦如此，用“上面”则不用“上”。

可见，双音节方位词在定向性上呈现更具体、更明晰的特征，朝鲜语亦是如此。

(89) a. 그녀는 무대 앞에 섰다.

(她站在舞台前。)

b. 그녀는 무대 앞쪽에 섰다.

(她站在舞台前方。)

(90) a. 새로 문을 연 공방은 한양 중심가의 작은 골목 안쪽에 자리 잡고 있었다. (《고려대 한국어대사전》)

b. 새로 문을 연 공방은 한양 중심가의 작은 골목 안에 자리 잡고 있었다.

例(89)a，用单音节(单纯)方位词表示她站在舞台的任何一个位置。例(89)b则用双音节(合成)方位词表示她站在舞台靠前的、离观

众近的位置。例(90)a用“안쪽”指参照物“胡同”的靠里的位置，例(90)b用“안”让我们很难知道“工坊”具体处于“胡同”里的哪一个位置。

再看下例：

(91) a. 상자 아래쪽에 있던 귤은 이미 다 물렀는데. (《고려대 한국어대사전》)

b. 상자 아래에 있던 귤은 이미 다 물렀는데.

(92) a. 현재 모든 전동차 내 노선 안내도는 출입문 위쪽에 부착되어 있다. (《문화일보》, 2007년 12월)

b. 현재 모든 전동차 내 노선 안내도는 출입문 위에 부착되어 있다.

从例(91)、(92)可以看出，用单纯方位词还是用合成方位词，虽然都可以指示空间方位，但所指方位却不同。例(91)a的“아래쪽”指示“箱子内的底部”，而例(91)b的“아래”多指“箱子的下方”，实体和参照物箱子的关系是离析关系。如下图：

图14

例(92)a的“위쪽”用来指示参照物“门”的上方贴着路线图，例(92)b则指示整个参照物“门”表面的任何一个位置。

综上，汉语和朝鲜语的单音节(单纯)方位词和双音节(合成)方位词，虽都能用来表达空间方位义，但会有所分工。朝鲜语的分工更明确，甚至有时单双音节方位词所指方位会有所不同。总而言之，朝鲜语的双音节(合成)方位词所指范围相对更小、更细致。

汉语和朝鲜语的双音节方位词在定向性上呈现更具体、更明晰的特征，因此边界模糊的非离散实体与单音节方位词组合更自然、可接受度更高。如：

(93) a. 다이빙할 때 공급되는 공기 안(*안쪽)의 질소가 마취 효과를 일으킨다.(우리말샘)

b. 咖啡的烟气慢慢上升，袅绕出诱人的香味，弥漫在空气里(?里边)。(林如是，《逆情》，1997)

(94) a. 물 안(*안쪽)에 기름방울이 흩어져 있는 유제(乳剂).(우리말샘)

b. 其实只是泡在水里(里面)，臭小宝动都懒得动!(BCC语料库)

例(93)、(94)所示，“공기/空气”、“물/水”等无边界的非离散实体，朝鲜语双音节(合成)方位词都排斥与之组合。汉语则虽可以组合，但更倾向与单音节方位词组合。我们以“里”和“里面”为例，在BCC语料库搜集几个典型的非离散实体名词与单双音节方位词的组配语料进行了统计，见下表：

表10　非离散实体与汉语单双音节方位词的组合情况

非离散实体	里	里面
空气	1 783例/98.9%	20/1.1%
雾	1 958例/99.6%	8/0.4%
火	686例/99.4%	4/0.6%
阳光	924例/99.4%	5/0.6%

无界的非离散实体与看不见摸不着的抽象概念，具有一定的象

似性(Iconicity)。抽象的事物看不见摸不着，对其进行领域化的背后由隐喻机制在运作，我们常用表达具体空间实体的词或标记来表达抽象概念，此时遵守恒定原则⑤。因此，对抽象概念进行领域化，通常也多用单音节方位词而非双音节方位词。见下表：

表11　抽象名词与汉语单双音节方位词的组合情况

抽象概念	单音节	双音节
梦里/里面(边)	14 319例/97.6%	352例/2.4%
政治上/上面(边)	12 958例/99.9%	7例/0.1%
困难前/前边(头)	21例/91.3%	2例/8.7%
春节后/后面(边)	1 666例/100%	0例/0.0%
统治下/下面(边)	1 198例/99.2%	10例/0.8%

综上，现代汉语名词表无界，边界越模糊越倾向于使用单音节方位词，抽象概念名词更是如此。如下图：

离散实体 > 非离散实体 > 抽象概念

双音节——————单音节

图15

上文谈到，朝鲜语双音节(合成)方位词所指范围相对更小、更细致，朝鲜语双音节(合成)方位词大多情况下不能与抽象概念名词组合。朝鲜语方位词不像汉语存在上述倾向性。

⑤ Lakoff(1993)指出，概念隐喻理论的核心内容是“隐喻是跨概念域(cross-do-main)的系统映射”。强调源域的意象图式结构以与目标域的内部结构相一致的方式投射到目标域，这就是恒定原则。

（三）双音节方位词成员内部差异

从表8可以看出，朝鲜语固有词形式的单纯方位词多于“-쪽”组合构成合成方位词，使用频率相对较高。“-쪽”、“-측”、“-편”在NAVER词典中的使用率为93.8%、4.23%、1.92%，而且大多构成互补关系，除了“위”、“아래”、“안”同时可以与两个方位后缀构成同义合成方位词，与“-편”、“-측”等组合的只有2~3例，而且都可以用“-쪽”替代。如：

(95) a. 교과서 오른쪽 위편(위쪽)에 있는 사진.(《고려대 한국어대사전》)

b. 식당 위편(위쪽)의 온실에서는 각종 채소가 자란다.

(96) a. 길 아래편(아래쪽)에 정류장이 있다.(《표준국어대사전》)

b. 달낮에 두껍게 덮였던 구름이 엷어지며 저 아래편(아래쪽)에서 움직이는 것이 보였다.(《선대》，우리말샘)

汉语由“边”、“面”、“头”构成的双音节方位词，在使用频率上也有一定的倾向性。如“上面”、“上边”、“上头”都较常用，但使用频率最高的是“上面”。我们在BCC语料库筛选出与名词组合的“~面”、“~边”、“~头”双音节方位词语料，统计发现由“~面”构成的方位词占优势。见下表：

表12 双音节方位词“～面”、“～边”、“～头”的使用频率

	~面（语料数/百分比）	~边（语料数/百分比）	~头（语料数/百分比）
上	14 140例 / 85.14%	936例 / 5.64%	1 530例 / 9.22%
下	14 030例 / 92.65%	972例 / 6.42%	142例 / 0.93%

（续表）

	~面（语料数/百分比）	~边（语料数/百分比）	~头（语料数/百分比）
前	11 415例 / 91.28%	468例 / 3.74%	623例 / 4.98%
后	19 406例 / 87.98%	1 285例 / 5.83%	1 365例 / 6.19%
里	37 289例 / 82.38%	3 460例 / 7.64%	4 518例 / 9.98%
外	8 219例 / 83.26%	990例 / 10.03%	662例 / 6.71%

刘清平（2011：65）指出，“边”凸显一维的线性特点，“面”凸显参照物的二维的平面特点，“头”凸显参照物三维的容器特点。因此参照物“门口”、“封锁沟”、“横的线”等都是一维的线性参照物，后面的方位词用“里边”可以凸显线性特点；参照物“玻璃”、“普通塑膜”为二维平面物体，宜用“里面”；“轿”、“夹墙”、“库”、“炕”等与“里头”组合凸显三维容器特点。

我们以一维实体“线”、二维实体“膜”、三维实体“库”为例，在BCC语料库搜集它们与“里面”、“里边”、“里头”组合的例子，发现并非如刘清平（2011：65）论述，“里面”、“里边”、“里头”与一维、二维、三维实体组合上呈现出凸显维度上的倾向性。见下表：

表13　实体维度与“里面”、“里边”、“里头”的组合情况

	里面	里边	里头
线	14例	0例	2例
膜	12例	0例	0例
库	19例	1例	2例

表13显示，不管实体维度如何，汉语倾向于用“里面”表示具体空间实体的内部。

第三节　视点差异及图式转换

在容器范畴家族⑥里，如果“杯子”、“碗”、“箱子”、“书包”是典型容器的话，那“盘子”、“沙发”等实体则是非典型成员。而我们之所以将它们列入容器范畴是因为它们与典型成员共有一些特征。原型成员即典型成员(核心成员)和非典型成员之间虽有共同的属性，但是同一范畴内成员之间的地位并不平等，离典型成员越远，即处范畴边缘的成员与典型成员的共同属性就越少。如，容器范畴中的“碗”和“杯子”之间的共同属性多于“碗”和“沙发”的共同属性。

在语言中，典型成员和边缘成员采用同样的标记，如“碗里、沙发里”是范畴的原型效应使然。我们甚至经常把另一个范畴成员归到同一个范畴中，这说明范畴之间界限并不清楚，比如“碗”范畴就很难画出一条明确的界限。

范畴之间的连绵性：

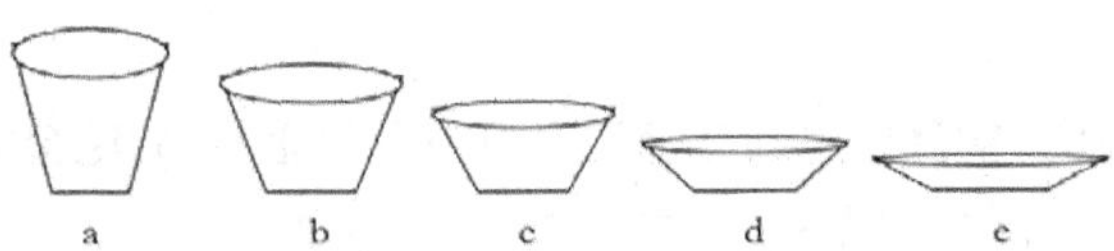

图16

⑥ 一个范畴内部成员之间有不同程度的相似性，相似性是构成一个范畴的关键。如果把一个范畴比作一个家族，这个家族成员都有一定程度的相似性，维特根斯坦(Wittgenstein 1953)把此称作“家族相似性(Family Resemblances)”。家族相似性原则强调，范畴中的每个成员都和其他成员共有一项或多项特征，但几乎没有一项特征是所有成员都共有的，是通过相似性联系起来的一类。

如图16中c是“碗”范畴中的典型成员，b和d虽然在高度和宽度上没有c典型，但至少不会说b是杯子、c是盘子。而a和e可看作“碗”范畴的边缘成员，a接近“杯子”范畴、e接近“盘子”范畴。但是如果在a和e中盛的是米饭，还可以将它们视作碗。其实范畴的界定跟人的主观性密不可分。

容器范畴和其他范畴之间的界限也是模糊不清的，相邻范畴之间互相重叠、互相交叉，总会存在模棱两可的情况。如：

沙发里　　沙发上
手里　　手上
操场里　　操场上

如图17中越靠左归到容器范畴的可能性越大，用“里”的可能性就越大。而越靠右，用“上”的可能性就越大。当然这不是绝对的，如汉语的交通工具(三维、封闭的典型容器)名词也可以选择用“上”。(这与意象图式的转换有关)

图17

方位词和名词的选择性共现关系是它对名词代表的空间性概念进行范畴化的反映。

同样的客观事物，根据观察者的认知取向不同，所选择的意象

(Image)可能就不同。“안/里”和“위/上”意象有差异，又有交叉，有时可以互换。如：

(97) a. 쟁반 위(안)에는 수정과가 담긴 유리그릇이 놓여 있었다.(《고려대 한국어대사전》)

b. 托盘上(里)放着装有水正果的玻璃器皿。

“쟁반 위 그릇/托盘上的器皿”关注的是“托盘”和“器皿”的接触关系；“쟁반 안 그릇/盘子里的器皿”关注的是“托盘”和“器皿”的包容和被包容的关系。例(97)中“안/里”和“위/上”的通用现象，即是出现意象图式转换的结果。

意象图式转换(image schema transformations)指的是人们在利用意象图式进行概念化的过程中注意焦点的变化。“容器”总会有支托面，如果认知主体的注意力集中在容器的支托面，可以选择用“上”来表示容器和容物的关系。如下图：

图18

汉语交通工具名词通常可以带“上”，也是因为对交通工具解读的过程当中注意力集中在支托面的结果。如：

(98) a. 火车里/上、飞机里/上、轿子里/上、电梯里/上
b. 기차 안/*위、비행기 안/*위、가마 안/*위、엘리베이터 안/*위

需要说明的是，不同的语言可能选择不同的图式来认知同样的场景。如，朝鲜语与汉语不同，不会采取意象图式转换来识解交通工具，如例(98)。当然汉语也不是随时都可以出现意象图式转换现象的。如：

(99) a. 操场上→操场里
盘子上→盘子里
照片上→照片里
b. 箱子上↛箱子里
桌子上↛桌子里
杯子上↛杯子里

从例(99)可以看出可出现图式转换的，即"里"和"上"通用且意思不变(我们用"→"表示)的是a组中所示的诸如"操场、盘子、照片"等二维实体。像例(99)b中的"箱子、桌子、杯子"等三维实体，可以与"里"和"上"组合，但表示的意思则不同(我们用"↛"表示)。如"箱子上"并不表示箱子的底部支托面，指箱子外部的上方，"箱子里"则指箱子内部。

汉语三维实体进行"里"和"上"的图式转换，主要出现在交通工具的识解过程中，如例(98)。空间实体的图式转换进一步引发抽象概念的图式转换。如例(100)"N里/上"中的"N"主要指"内容"或"范围"。

(100) 电视里→电视上

书里→书上

广告里→广告上

文件里→文件上

心上→心里

手里→手上

世界里→世界上

第四节　汉语空间介词和朝鲜语处所格标记

空间关系表达方式可分为附置词单用型语言和附置词和方位词共用型语言。英语等语言属于前一种类型，汉语和朝鲜语属于后一种类型。但是表达方式相同，并不表示功能也一定相同，如方位词的语义抽象度、虚化程度、对附置词的依赖度都会有所不同。（参看1.2.1）现代汉语在表达空间关系时，大多情况下离不开方位词，但处所词等空间性明显的词可单独用介词引介间接题元⑦，无需方位词。朝鲜语则不同，普通名词后的容器标记只在语义需要时使用，如果语义不需要格标记（格助词）足以介引方所题元。既然两种语言的前置词（介词）和后置词（格助词）可以程度不等的不依赖方位词表达空间关系，下面我们就考察汉语的介词和朝鲜语格助词。

一、两种图式与汉语介词“在”和朝鲜语格助词“에”、“에서”

⑦ 从句法上说，介词的基本作用是给谓语或小句介引直接论元（主语、宾语或作格语言中的通格、作格）以外的间接题元，包括间接论元［或称旁格论元（oblique）］和其他附加性题元（adjunct）。

（一）汉语介词"在$_1$"、"在$_2$"

现代汉语介词"在"引介的方所结构分前置型与后置型，即出现在状语位置或补语位置。崔希亮(2002：5)指出，状语位置通常是背景信息，补语位置通常是前景信息。从意象图式视角来看两种语序，前置型"在+L"反映容器图式，后置型"在+L"反映路径图式。⑧ 容器图式的基本构成要素是"里、外、边界"；路径图式的基本构成要素是，"起点、路径、终点、方向"。两种图式的主要结构关系可用下图直观地描述。

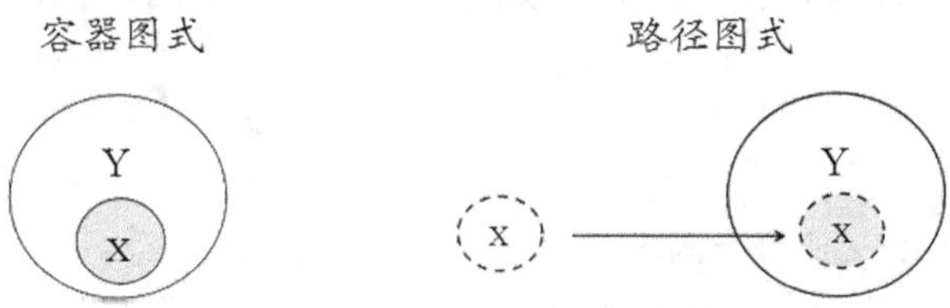

图19

汉语前置型"在+L"表示的容器图式主要指参照物的活动处所。后置型"在+L"表示的路径图式主要指参照物发生位移，从起点A向终点B移动的过程，即路径。其中路径图式中的终点B，是参照物发生

⑧ Lakoff(1987：267)指出，意象图式是我们日常身体经验中反复出现的比较简单的结构。Johnson(1987：14)认为：意象图式是在我们感知互动和运动过程中一种反复出现的、动态性的式样，可为我们的经验提供连贯性和结构性；意象图式还可被理解为一种具有原型性的结构，具有较高的抽象性，因此就极易被用于其他场合，为有关事体和情景提供合适的解释，是理解更为复杂概念的基础，也是建构知识的出发点。(王寅 2010：179)

位移后最终到达的目的地，有可能是容纳参照物的容器。与前置型“在+L”表示的容器图式有所不同，后置型的终点B虽可理解为容器，但它是静态的。我们将前置型的“在”标记为“$在_1$”，后置型的“在”标记为“$在_2$”。

崔希亮(2002：5)考察后置型“V在+L”中出现频率相对高的18个动词(如“放、倒、落”等)和17个出现频率相对低的动词(如“保持、掺和、溶解”等)，发现出现频率高的动词都带有附着义。崔希亮指出附着总是涉及附着物和附着点，动词是导致附着实现的动力。附着物通过某种动力附着于某处，这个过程就是位移的路径，反映的是路径图式，即“附着于某处”总是伴随着一个位移过程和一个位移路径。如：

(101) a. 在地上洒水。

b. 把水洒在地上。

(102) a. 小王倒在地上。

b. *小王在地上倒。

(103) a. 钱包落在车上了。

b. *在车上落了钱包。

比较例(101)a和b，“地上”的语义角色并没有发生变化，都表示处所。但句式不同意象(image)也不同。例(101)a凸显动作发生的处所，例(101)b则凸显主体X位移后的处所。例(102)、(103)中动词“倒、落”的[+终点]语义特征较明显，因此排斥前置型句式，选取后置型句式，这是凸显路径图式的结果。

（二）朝鲜语格助词“에”和“에서”

汉语作为缺乏形态变化的语言可用不同的句法形式表达不同的语义场景。汉语用句法形式表达的语义场景，朝鲜语通常用格助词等语法手段表达。汉语前置型“在+L”中的“$在_1$”通常对应于朝鲜语处格助词“에서”，后置型的“在+L”中的“$在_2$”通常对应于朝鲜语位格助词“에”。

下面我们先看“에”。如：

（104）a. 영희는 연구실에 있다.
（英姬在研究室。）
b. 책이 책상 위에 있다.
（书在桌子上。）

“연구실(研究室)”、“책상(桌子)”分别与“영희(英姬)”、“책(书)”关联，二者的关系通过动词“있다”表示存在，进而表示“연구실(研究室)”、“책상(桌子)”是处所。例(104)中的主体X和参照物Y的关系，图示如下：

图20

可见，朝鲜语格助词“에”可以表示非位移的容器图式，“에”表示路径图示取决于与之共现的动词。如：

(105) a. 그녀는 어제 북경에 왔다.
(她昨天到北京的。)
b. 그녀는 어제 북경에 갔다.
(她昨天去了北京。)

“오다(来)”、“가다(去)”表示位移，“북경(北京)”是位移的终点处所，可用路径图式表示，如：

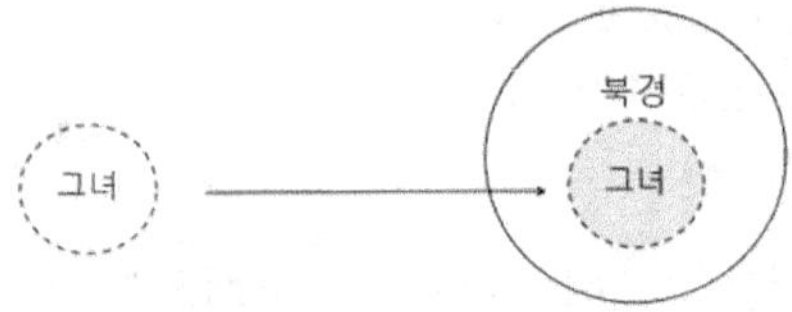

图21

既然朝鲜语格助词“에”根据共现的动词，既可以表示容器图式又可以表示路径图式，“에”本身的核心意义到底是什么？看下例：

(106) a. 그녀는 내일 북경에 온다.
(她明天来北京。)
b. 그녀는 내일 북경에 간다.
(她明天去北京。)

例(105)中动词“왔다/갔다”可以看出英姬在北京，即主体X与处

所是接触关系。例(106)中"온다/간다"是进行体动词，主体X与处所并非接触关系，但句中处所成分后面仍使用了"에"。可见"에"并非仅限于表达主体和处所的接触关系。可图示如下：

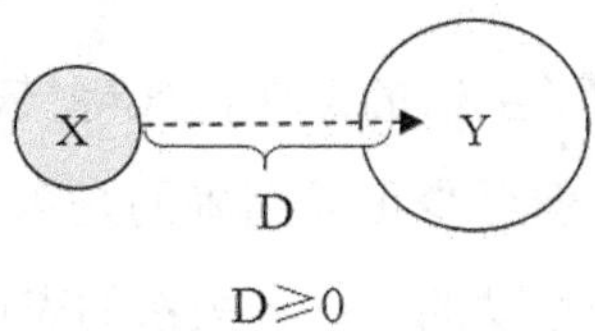

图22

图22中箭头表示X与Y有关，而这个箭头的长度可有可无。另外，可以认为Y是比X更大、更稳定的背景，X以这个Y为背景移动。

上面主要考察了不及物动词的情况，下面再看及物动词的情况。

(107) a. 그는 돈을 테이블에 놓았다.
(他把钱放在桌子上了。)
b. 그는 과일을 상자 안에 넣었다.
(他把水果装在箱子里了。)

及物动词与不及物动词的区别在于"에"表示的与处所相关的X不是主语，而是宾语。除了这种句法上的变化以外，其他跟不及物动词所表示的关系基本一致。例(107)由于动作表示完成，钱和水果分别已放在桌子上和箱子里，表示X和Y为接触关系。但是，X和处所Y并非总是接触关系，如表未然的句中也可以用"에"。如：

(108) a. 그는 돈을 테이블에 놓으려고 한다.
(他要把钱放在桌子上。)
b. 그는 과일을 상자 안에 넣으려고 한다.
(他要把水果装在箱子里。)

例(108)中仅体现了主语的意图，实际“钱”和“桌子”、“水果”和“箱子”之间没有接触。但至少可以明确的是以“桌子”、“箱子”为参照点Y，X“钱”、“水果”是移动的，这种关系的表达离不开格助词“에”。

“에”的使用主要取决于处所成分，不是动作发生的处所。即，与“에”组合的先行成分并不是动作发生的处所。如例(108)中的“놓다(放)”、“넣다(装)”等动词并非发生在参照物Y内。汉语中的后置型“在$_2$+L”中的“L”也并非动作发生的处所，而是动作结束后主体X所在的处所。可见“에”与“在$_2$”用于表达静态处所。

再看下例：

(109) a. 영희는 연구실에서(*에) 공부한다.
b. 英姬在研究室学习。
c. *英姬学习在研究室。

(110) a. 그녀는 북경에서(*에) 여행한다.
b. 她在北京旅游。
c. *她旅游在北京。

例(109)、(110)中“연구실/研究室、북경/北京”是“공부하다/学习、여행하다/旅游”这一动作进行的处所，并非动作结束后到达的终点。因此句中排斥格助词“에”，排斥后置型“在$_2$+L”。

(三)“에”和“에서”的通用现象

朝鲜语格助词“에”、“에서”都与处所成分组合，但二者有分工。(参看2.4.1.2) 二者的分工主要体现在动词的选择上。

(i) 배우다，읽다，보다，자다，먹다，마시다，꺾다，돌다
(学、读、看、睡、吃、喝、摘、转)
(ï) 쓰다，입다，짓다，파다，담다，꽂다，따르다，찍다
(戴、穿、盖、挖、盛、插、倒、砍)

一般(i)类动词倾向于“에서”共现，(ï)类动词倾向于“에”共现。而有些动词出现的句子中，“에”、“에서”可以通用。如：

(111) a. 여기에 집을 짓는다.
(房子会盖在这里。)
b. 여기에서 집을 짓는다.
(这里正盖着房子。)
(112) a. 북경에 산다.
(住在北京。)
b. 북경에서 산다.
(在北京生活。)

例(111)、(112)虽然可以通用“에”、“에서”，但句子意义完全不同。与“에”共现的处所成分表静态处所，与“에시”共现的处所成分表动态处所。如例(112)a中“북경(北京)”指状态持续的处所，例(112)b中“북경(北京)”指动作持续的处所。

即便是“에”、“에서”通用于某一类动词句中，但差异仍被体现在句中，如动词的体、修饰成分的选择等方面。

(113) 여기에(? 에서) 집을 지을 것이다.
(房子会盖在这里。)
(114) 연길에서(? 에) 즐겁게 살고 있다.
(在延吉快乐地生活。)

例(113)中的未完成体“지을 것이다”表将来，动态性比进行体要弱，因此“에”的可接受度比“에서”高。例(114)中的“즐겁다”修饰动词“살다”后，其动态性被激活，因此“에서”的可接受度比“에”高。

简而言之，朝鲜语格助词“에”和汉语介词“在$_2$”用来引介静态场景，格助词“에서”和介词“在$_1$”引介动态场景。汉语“在$_1$”和“在$_2$”的主要区别还体现在，“在$_1$”主要表示容器图式，“在$_2$”主要表示路径图式。而朝鲜语“에”既可以表示容器图式又可以表示路径图式，“에서”则只表示容器图式。

（四）“에서”与起点概念

“에서”与处所成分组合可以表示空间起点，这种用法早在16世纪朝鲜语资料《翻译老乞大》(1517年)中已出现。

(115) a. 내 되ᄒᆞᆨ 당의셔 글 ᄇᆡ호라.(《번역노걸대》，1517)
b. 네 언제 왕경의셔 ᄠᅥ난다?(《번역노걸대》，1517)

例(115)a属于处所格，具体说属于存格⑨(essive/inessive)，表示“X在内部”。例(115)b也属于处所格，但表示“离开X”，表示起点。

朝鲜语表动态处所和起点都以格助词“에서”来作形式标记，并非偶然现象。看下例：

(116) a. 그는 학교에서 거닌다.
(他在学校散步。)
b. 그는 학교에서 걸어왔다.
(他从学校走过来。)

例(116)a“학교에서”表示主体活动的处所，例(116)b表示主体位移的起点。本书认为，这种差异主要来自句中的VP“거닌다(散步)”和“걸어왔다(走过来)”，并不是“에서”有两种不同的语法意义。

(117) a. 영자가 한국에서 왔다.
(英子从韩国回来了。)
b. 영자가 자리에서 일어났다.
(英子从座位上站起来。)
c. 영자가 학교에서 떠났다.
(英子从学校出发了。)
d. 영자가 소파에서 떨어졌다.
(英子从沙发上掉下来了。)

例(117)中的“에서”并非用来表示动作发生的处所是“한국(韩国)、자리(座位)、학교(学校)、소파(沙发)”，也不表示主语“영자

⑨ 语法描写用来指一类表示存在状态的曲折形态。存格见于芬兰语和其他一些语言，与近处格、在内格及其他几个格一起表达“当时”、“当地”的意义。

(英子)”的所在之处是“한국(韩国)、자리(座位)、학교(学校)、소파(沙发)”。此时的“에서”可用来表示句中出现的处所是主语曾所在的处所。这种判断来自动词“오다(来)、일어나다(起来)、떠나다(出发)、떨어지다(掉)”的语义特征[+脱离]。

上文谈到“에서”表动态处所还是起点，都取决于动词的意义。那么，为何不用“에”来表示起点？这种分工是否偶然？本书认为“에서”表起点，“에”表终点，与其核心意义有关联。

如前所述(2.4.1.2)，“에서”与处所成分组合表动态场景，“에”与处所成分组合表静态场景。当我们说，某处表“起点”离不开动作的发生，而某处表“终点”离不开动作的结束、停止。

汉语表示起点概念，主要用介词“从”、“自”、“由”等介引。

(118) a. 英子来自韩国。

b. 英子从座位上站起来。

c. 明晨七时由首都机场起飞。

二、汉语介词“从”和朝鲜语限定助词“-부터”

朝鲜语限定助词⑩“-부터”从动词“붙다(附着)”虚化而来(허웅 1983、임홍빈 1994)。成光秀(1977)指出“-부터”的虚化过程是：附着＞接近＞始发。⑪ 即，在现代朝鲜语中限定助词“-부터”主要用来表示空间起点，其形式有“-부터”、“-에서부터”、“-로부터”等。

⑩ 限定助词(한정조사)又叫辅助词(보조사)、添意助词(도움토)、特殊助词(특수조사)，它主要黏附在体词(包括谓词体词形)的末尾，添加一些辅助的意义，而并不决定词在句子中的地位。(서정수. 국어문법，서울：집문당，2013：895)

⑪ 성광수. 國語助辭에 대한 研究：生成理論的分析을 中心으로，서울：고려대학교，1977：147.

我们先看"-부터"直接后附处所义名词之后表示位移起点的情况。如：

(119) a. 그는 기숙사부터 뛰기 시작했다.
(他从宿舍开始跑。)
b. 그는 1번 출구부터 걷기 시작했다.
(他从一号出口开始走起路来。)

(120) a. 상해부터 북경까지 2시간 걸린다.
(从上海到北京需要2个小时。)
b. 저기부터 여기까지 약 50미터이다.
(从那儿到这儿约五十米。)

"-부터"除了像例(120)表示区间起点以外，直接修饰名词表示起点概念的情况较少，大部分情况下"-부터"不能直接修饰处所词。如：

(121) a. *모친의 유골을 할빈부터 고향땅에 이장했다.
(母亲的遗骸从哈尔滨移葬到了故乡的土地上。)
b. *그는 장작을 마당부터 부엌에 옮겼다.
(他把柴火从院子里搬到了厨房。)
c. ? 북경부터 편지가 왔다
(从北京寄来了一封信。)

"-부터"通常与格助词"-에서"组合，构成复合形式"-에서부터"表示处所的起点意义。如：

(122) a. 모친의 유골을 할빈에서부터 고향땅에 이장했다.
b. 그는 장작을 마당에서부터 부엌에 옮겼다.

c. 북경에서부터 편지가 왔다.

复合形式"-에서부터"中的"-에서"虽然与表示活动处所的"-에서"同形，但不仅所表示的意义不同，其意象图式也不相同。

(123) a. 그는 아파트단지에서 걷는다.
(他在小区里散步。)
b. 그는 도서관에서 공부한다.
(他在图书馆学习。)
(124) a. 그는 아파트단지에서 걸어 왔다.
(他从小区里走过来的。)
b. 그는 도서관에서 떠났다.
(他离开了图书馆。)

人们一般将上述例(123)中的"아파트단지、도서관"认知为行为主体活动的处所——"容器"。例(124)中的"아파트단지、도서관"认知为起点。我们说从某处出发，其实就是从某一处所的一个点出发，因此朝鲜语"-에서"既可以表示活动处所，又可以表示起点。表示位移起点的"-에서"通常与趋向动词或脱离类动词"떠나다(离开)、오다(来)、이탈하다(脱离)"等共现。表示活动处所的"-에서"与表示起点的"-에서"之间的差异可图示如下：

图23

朝鲜语复合形式“-(으)로부터”也可以表示处所的起点。其中“-(으)로”是从起点格助词“-(으)로셔”演变而来。(서정수 1996) 如，“하ᄂᆞᆯ로셔 설흔 두가짓 祥瑞 ᄂᆞ리며”(《석보상절》6：17)，“네 어드로셔브터 온다”(《번역노걸대》상：1)。起点格助词“-(으)로셔”现已缩略为“-(으)로”，与限定助词“-부터”组合成“-(으)로부터”来表示起点。例如：

(125) a. 청도로부터 소포가 왔다.
　　(从青岛寄来了包裹。)
　b. 전학을 가게 된 학교는 집으로부터 멀어서 다니기가 불편하다.
　　(要转学的学校离家很远，上学不方便。)
　c. 낙동강은 태백산으로부터 비롯된다.
　　(洛东江源于太白山。)

汉语最常用的表示起点的介词是“从”。与“从”构成同义的介词有“由、自”等。介词“从”由动词虚化而来。《说文》：“从，随行也。”这种随行关系是由与人相随发展到与空间相随，“从”便完成了动词向介词的转化，也随之产生了新的义项。(马贝加 2003) 如：

(126) a. “有玄云从西北方起。”(《韩非子・十过》)
　b. “上客从赵来，赵事何如？”(《战国策・秦策》)

“从”在现代汉语中主要介引位移起点和时间起点。例如：

(127) a. 月光从窗外投进来。
　b. 从钱包里掏出钱。

c. 从汤里捞菜吃。

d. 从书上撕下一页纸。

三、汉语介词“到”和朝鲜语限定助词“-까지”

朝鲜语里表达空间位移终点的典型形式有“-까지”，汉语则用介词“到”来表达。如：

(128) a. 기차를 타면 서울에서 부산까지 세 시간밖에 걸리지 않아요.

b. 坐火车的话，从首尔到釜山只需要三个小时。

朝鲜语限定助词“-까지”由“ᄀᆞᆺ ᄀᆞᆽ ᄀᆞᇫ”边、极、界义虚化而来。(서정수 1996) 边界即事物的两端，从空间上可理解为一段路径的起点或终点。可见，表终点义的“-까지”由边界义虚化而来是有语源上的理据的。

汉语的介词“到”由“到达”义虚化而来，而且仍然具有强烈的移动义，表示人或事物伴随动作行为到达某处。

先看下例：

(129) a. 연길까지 앉고 내리는 걸 깜박했다.

b. 忘了坐到延吉后下车。

(130) a. 나는 방법을 강구해서 이 상자를 위층까지 메고 오르겠다.

b. 我要设法把这个箱子扛到楼上。

(131) a. *그는 슬며시 그녀의 옆자리까지 다가앉았다.

b. 他悄无声息地坐到她的旁边。

(132) a. *재활용품은 분리수거함까지 담아 주시기 바랍니다.

b. 请将可回收物品扔到分类垃圾桶里。

例(129)、(130)中的"V到~"凸显动作行为持续到某处，例(131)、(132)中的"V到~"凸显的是动作行为结束的终点。如例(129)中的动词"앉다/坐"是[-持续]类动词，与"까지/到"组合表示动作伴随到"연길/延吉"。例(130)中的"메다/扛"也是如此，与"까지/到"组合表示动作伴随到"위층/楼上"。而例(131)中的"앉다/坐"并不表示动作一直伴随到"그녀의 옆자리/她的旁边"，这里的"그녀의 옆자리/她的旁边"是动作结束的结果位置。从上例中可见，汉语不管是凸显动作伴随到终点还是动作结束的终点，都可以用介词"到"。而朝鲜语的限定助词"-까지"只能用来表示动作伴随到终点。上文(2.4.1)中谈到"在"、"에"凸显的是结果位置(参照位置)，因此例(131)、(132)可以用"在"、"에"来替换。如：

(133) a. 그는 슬며시 그녀의 옆자리에 다가앉았다.

b. 他悄无声息地坐在她的旁边。

(134) a. 재활용품은 분리수거함에 담아 주시기 바랍니다.

b. 请将可回收物品扔在分类垃圾桶里。

例(129)、(130)则不能用"在"、"에"来替换表达，因为例(129)凸显动作伴随到终点。例如：

(135) a. *연길에 앉고 내리는 걸 깜박했다.

b. *忘了坐在延吉后下车。

(136) a. *나는 방법을 강구해서 이 상자를 위층에 메고 오르겠다.

b. *我要设法把这个箱子扛在楼上。

四、汉语介词"朝/向/往"和朝鲜语格助词"-(으)로"

一个完整的空间位移，要具备起点、轨迹、终点。我们通常说的"方向"离不开轨迹。朝鲜语表达方向的典型标记有助词"-(으)로"。남기심(1996)指出，方向格助词"-(으)로"所修饰的成分可分为指向点、方向、路径。如：

(137) a. 탐험대는 보물을 찾아 무인도로 떠났다. [指向点]
(探险队去荒岛寻宝了。)
b. 배의 머리를 북쪽으로 돌려라. [方向]
(把船头调向北边。)
c. 이 길로 가면 너무 돌아가게 되니 다른 길로 가자. [路径]
(从这儿走会绕远路，走别的路吧。)

当"-(으)로"表示指向点(终点)时，可以用"-에"替换。上文谈到"-에"凸显的是参照(结果)位置，而有时终点即为参照(结果)位置。例如：

(138) a. 방학에는 할머니 집으로(에) 간다.
(假期去奶奶家。)
b. 그는 우리 학교로(에) 취재하러 왔다.
(他来我们学校采访。)

"-(으)로"和"-에"的互换，但二者还是有区别。例如：

(139) a. 저는 내일 북경으로(*에) 떠납니다.
(我明天去北京。)
b. 범죄자는 해외로(*에) 도주했다.
(罪犯已往海外逃离。)
c. 그는 연길로(*에) 출발했다.
(他向延吉出发了。)

例(139)中的"북경、해외、연길"都是位移的指向点，但不能用"-에"组合。原因是句中的述语"떠나다(去)、도주하다(逃离)、출발하다(出发)"表示[+起点]、[-终点]，因此"-에"不能与参照位置模糊的[-终点]类动词组合。

方向格助词"-(으)로"修饰指向点，这并不表明"-(으)로"只突显位移终点。即便"-(으)로"修饰的是指向点，图式中不可忽视的是位移轨迹部分。"-(으)로"表示方向、路径亦是如此。如下面的例(140)的"-(으)로"都不能跟"-에"替换。

(140) a. 거울을 바깥쪽으로(*에) 돌리시오. [方向]
(把镜面转向外面。)
b. 그는 다리 밑으로(*에) 다닌다. [路径]
(他从桥底下行走。)

综上所述，我们将"-(으)로"所修饰的指向点、方向、路径统称为"方向"。方向为位移的轨迹或过程部分，在大脑中形成的是典型的路径隐喻图式。虽然"-(으)로"和"-에"同样用路径隐喻图式来表示，但二者所突显的部分不同，如图所示：

图24

汉语一般用介词“向/往/朝”来介引方向。例如：

(141) a. 他伸长了脖子[向/往/朝]棚子外头望去。
　　　b. 风停之后，发现瓜棚[向/往/朝]左边倾斜了。

“向/往/朝”属同义介词，与处所词或方位词组合后有一个共同的意义即表示向某一处所或方向移位。有关介词“朝、向、往”用法上的异同，汉语学界已有详细论述。⑫ 与朝鲜语方向格标记“-(으)로”比较，汉语“向/往/朝”通常不能表示路径。如：

(142) a. *[向/往/朝]这儿走会绕远路，走别的路吧。
　　　b. *他[向/往/朝]桥底下行走。

⑫ 吕叔湘，《现代汉语八百词》，北京：商务印书馆，1999；侯学超，《现代汉语虚词词典》，北京：北京大学出版社，1999；李临定，《汉语比较变换语法》，北京：中国社会科学出版社，1988。

第三章　汉、朝空间标记词的语义拓展及隐喻机制

人们认知某事物后大脑会形成初始的概念，当认知新事物时，大脑总是在记忆中寻找已存在的初始概念，根据新事物的物理、功能等属性将其与已知的事物发生某种联系，对其进行归类。初始概念不断被扩充，形成一个更大的语义范畴。（储泽祥 2010：4，赵艳芳 2001：85）空间概念作为人类认识世界的初始概念，许多抽象概念的建构都依赖空间概念。比如，大多数语言的时间概念都是空间概念投射的结果。概念结构的象似性是不同语言之间呈现出共性的基础，而由空间概念隐喻投射出抽象概念的过程中，不同语言之间既有共性又存在差异。张敏（1998：183）指出，语言里的非象似特性大多是由象似原则和经济原则相互竞争所导致的，在不同语言中，以及在同一语言的不同结构、不同历史时期，竞争会导致不同的结构，因而容许了语言类型学上差异的存在。

第一节 “前/后”和“앞/뒤”

一、时间

“非线性”的空间被压缩成二维的线性空间——时间。

1. 人类一般在正常情况下观察某一对象时，通常会先看正面，再看背面。这种知觉作用同样适用于一个事物内部或两个事物之间的前后顺序，排序时视线所向的一方用“前”表示，另一方用“后”表示。因此“앞/뒤”和“前/后”两个语素构成的复合词为“앞뒤/前后”而不是“뒤앞/后前”。

一件事情的发生，总离不开时间和事情的起因、经过、结果。我们可以轻易记住过去的事情、已经发生的事情，是因为已经知道了结果，但是即将到来的事情、还没有实现的事情，是看不到具体结果的。这种认知的作用下通常“事先、预先、过往”等概念可用“앞/前”来表示，“以后、下一个、将来、结果、结束”等概念可用“뒤/后”来表示。比如：

(1) a. 영희 앞에서 철수가 말했다.
  b. 哲洙在英姬面前(前面)说道。
(2) a. 영희가 앞에서 한 말을 철수는 잊었다.
  b. 哲洙忘记了英姬在前面说过的话。
(3) a. 영희 뒤에 철수가 있다.
  b. 英姬后面有哲洙。
(4) a. 영희가 온 뒤에 철수가 왔다.

b. 英姬来了之后(*后)哲洙才来。①

从例(1)～(4)也可以看到空间与时间的相关性，例(1)表示哲洙在英姬视线前方，指空间关系；例(2)表示英姬面对哲洙说过的话，表示过往的时间；例(3)表示哲洙在英姬后面，指空间关系；例(4)从时间上同样也可以推测英姬来了之后哲洙才来，表示先后时间关系。

前后在空间上表现出截然相反的概念，而像下面朝鲜语例句中的“앞/뒤”，在时间上同样表示将来，汉语则没有这种用法。如：

(5) a. 앞으로 1년 뒤에 만나요.
b. *(以/之)前一年后再见。
(一年后再见。)

为何“앞/뒤”既可以分别表示过去和将来，又同指将来？解释这一现象之前先看下例：

(6) a. 영희가 온 뒤에 철수가 왔다.
b. 英姬来之后哲洙才来。

(7) a. 철수가 오기 전에 영희가 왔다.②
b. 哲洙来之前英姬就到了。

① 胡裕树(1980)、刘月华(1983)指出“以前/以后”、“之前/之后”是单纯方位词“前/后”加“之”、“以”构成的合成方位词，都属于方位词范畴，主要用来表示时间。

② 朝鲜语固有词“앞/뒤”和汉字词“전/후”在时间概念域中都可以使用，但有分工和差异。具体分工和差异将随文进行说明。

例(6)和(7)表示英姬来这一事件和哲洙来这一事件的时间顺序。也就是说，两个事件都说明英姬来的事件比哲洙来的事件更早发生。例(6)以英姬来这一事件为背景凸显了哲洙来这一事件，例(7)以哲洙来这一事件为背景刻画了英姬来这一事件。

例(4)中用空间关系功能词"뒤/之后"和"전/之前"表达两个事件的先后时间顺序，某种程度上表示空间关系的"영희 뒤에 철수가 있다/철수 앞에 영희가 있다"和表时间关系的例(4)在我们的头脑当中形成的意象图式是一致的。如下图：

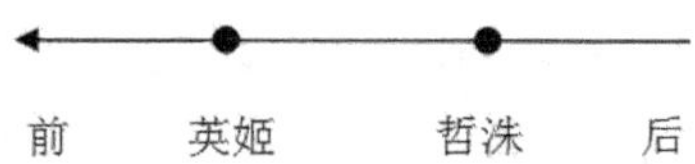

图25

第二章(2.2.1.1)中提到如果从一开始就未确定前后的圆形事物等，我们通常以它正常移动的方向为基准区分前后。被概念化了的时间，则识解为朝一个方向移动的物体，赋予它前后。我们通常说"세월이 유수 같다"、"시간이 다가오고 있다"、"岁月如流水"、"时间飞逝"等都足以体现将时间视为可移动的物体。

上述我们只讨论了两个事件之间的先后顺序，并未从说话人的角度出发进行考察。下面我们主要从说话人的角度去讨论时间先后顺序。

(8) a. 영희가 대답하기 전에 철수가 대답했다.

b. 英姬回答(以/之)前哲洙就回答了。

(9) a. 철수가 대답한 뒤에 영희가 대답했다.
b. 哲洙回答(以/之)后英姬才回答。
(10) a. 한달 전에 한번 대화해 본 적이 있다.
b. 一个月以(之)前谈过一次话。
(11) a. 한참 뒤에 전화가 왔다.
b. 过一段时间以(之)后来了电话。

例(8)、(9)中有两个可对照的事件，表示前面的事件先发生，之后后面的事件再发生。而例(10)、(11)中却没有出现可对照的两个事件，只出现一个事件作为参照，分别是例(10)谈话的事件和例(11)来电话的事件。这种情况"前"代表过去，"后"代表将来。即发生在说话人发话之前为过去，发生在说话人发话之后为将来。如下图所示：

图26

像例(8)、(9)明确出现两个对照的事件时，即使不指出说话人位置似乎也可以表达先后时间关系。但并非所有都如此，先看下例：

(12) a. 영희가 온 뒤에 철수가 올 것이다.
b. 英姬来了之后，哲洙也会来。
(13) a. 철수가 오기 전에 영희가 왔다.
b. 哲洙来之前，英姬就到了。

例(12)中的两个对照事件都是还未发生的将来事件，例(13)中的两个对照事件则都是已发生的过去事件。如下图所示：

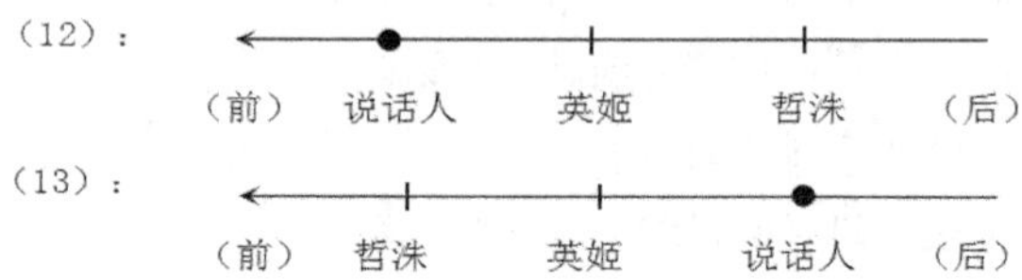

图27

不管是表示过去事件还是将来事件，两个事件都发生在说话人的同一侧。虽然一个事件比另一个事件发生得早或晚，但汉语和朝鲜语两种语言社会都不会认为一个事件发生在说话人发话之前，一个事件发生在说话人发话之后。就如，表达空间关系的"영희 뒤에 철수가 있다/철수 앞에 영희가 있다"、"英姬在哲洙前面/哲洙在英姬后面"，在我们的头脑中形成的图式与图27是一致的，即不管怎么样英姬和哲洙都站在发话人的同一侧，而不是两侧。

我们将时间识解为沿着一维的方向单向移动的抽象事物，人类将时间看成是从过去经过现在向未来流动的动态过程。如，"시간이 너무 빨리 흐른다"、"时间飞逝"。还有一种识解方式是，将时间视作固定的抽象事物，是说话人在沿着固定的一维时间轴中移动。如，"내년에 가면 해결된다"、"到了明年会得到解决"。因此，时间隐喻可分为"时间在移动"和"人在移动"两类。上文主要考察的是"时间在移动"的隐喻情况。

时间隐喻中"人在移动"指在固定的时间轴上，说话人的位置为现在，经过的路径为过去，要经过的路径为将来，即"뒤"是过去，"앞"是将来。如：

(14) a. 앞으로 일주일간 외출 금지.

b. 往后(*前)一周禁止外出。

朝鲜语“앞으로”可指向将来，汉语则用“往后”表达将来，不用“往前”。上文谈到的“앞으로 1년 뒤에 만나요”，既可以用“앞”又可以用“뒤”表示将来，正是因为朝鲜语在一个句子中同时用两种时间隐喻表达的结果。而汉语方位成分“前”只有“时间在移动”这一隐喻用法，没有“人在移动”的隐喻用法所致。

2. 朝鲜语“앞”表示时间，见于《翻译老乞大》(1517年)和17世纪《老乞大谚解》(1670年)，如例(15)、(16)表示时间。

(15) 앒·픠·는 그저 홁 터 밍·전 드: 리러니(《翻译老乞大》)

앒픠는 ㄱ저 홁 터 밍전 드리러니(《老乞大谚解》)

(之前只是土搭的桥)

(16) 우리 알·프·로: 하·뎜·에 ·가: 든 ·밥 ·사 먹고 (《翻译老乞大》)

우리 앒흐로 夏店에 가 밥 사 먹고 (《老乞大谚解》)

(我们到了夏店买饭吃)

这一时期朝鲜语汉字词“전(前)”已可以表示时间，但只能表示过去。

(17) 前에 比컨대 가장 고치기를 잘 하엿다(《老乞大新译谚解》)

前에 比컨대 가장 고치기를 잘 하엿다(《重刊老乞大谚解》)

有趣的是，在现代朝鲜语中汉字词“전(前)”跟位格助词“-에”组合既可以表示未完成，也可以表示完成。如：

(18) a. 굽기 전에 생선을 간해 두었다.
(烤前把鱼腌好了。)
b. 모심기 전에 수확된 밭곡식
(插秧前收割的谷子)
c. 죽기 전에 고향에 꼭 가고 싶다.
(离开人世前一定要回老家。)

(19) a. 칠팔 년 전에 있었던 일
(七八年前发生的事情)
b. 경기 종료 5분 전에 골문을 열었다.
(在比赛结束前5分钟踢进去球。)
c. 이 사찰은 10년 전에 개축된 것이다.
(这座寺庙是十年前改建的。)

虽然可以表示未完成和完成，但有规律可循。当“动词词干+名词化标记”后的“전에”表示未完成，具体指相对将来时③，如例(18)。而与“数量时间词”后的“전에”则表示完成，如例(19)。

“전(前)”与方向格组词“-으로”组合，主要用在“数量时间词”后表示完成。

(20) a. 수세식 변기가 역사에 처음 등장한 것은 <u>4,000년 전으로</u> 알려져

③ 相对时制是表示由前一个动词、形容词谓语表示的动作行为发生的时间或状态呈现的时间跟后一个动词、形容词表示的动作行为发生的时间或状态呈现的时间的相互关系的语法范畴。相对时制分三种，即相对现在时、相对过去时、相对将来时。(柳英绿 1999：63)

있다.(《동아일보》, 2012년 6월)

(抽水马桶首次出现是在4 000年前。)

b. 공격 개시 일자를 생일 이틀 전으로 잡았다.(김용성, 《도둑 일기》)

(攻击日期定在了生日前两天。)

固有词"앞"跟处格助词"-에서"组合表示过去，与方向格助词"-으로"组合表示将来。如：

(21) 내 생각은 앞에서 약술한 바와 같다.(《표준국어대사전》)

(我的想法正如前面所述。)

(22) 앞으로 무슨 일을 할 작정인가?

(以后打算做什么？)

"앞에서"、"앞으로"都无需前加其他参照体，可以直接表达过去或将来，如例(21)、(22)。其中"앞으로"也可以修饰时间词，"앞에서"则不可以。如：

(23) 약속한 날짜가 사흘 앞으로 다가왔다.

(离约定的日期还有三天。)

(24) *사흘 앞에서 한 약속을 잊었다. / 사흘 전에 한 약속을 잊었다.

(忘了三天前的约定。)

汉字词"전"可以与位格助词"-에"组合出现在句首表示过去。如：

(25) 전에 그런 일이 한 번도 없었을 정도로 유난스럽다.
(很奇怪，以前从未发生过这样的事情。)

"전으로"则通常要加事件或动作作为参照体与之呼应表达时间。如：

(26) a. 인류의 기원은 200만 년 전으로 소급해 올라간다.(《표준국어대사전》)
(人类的起源可以追溯到200万年前。)
b. *약속을 전으로 잡았다.
(提前预定好了时间。)

不管有无参照体与之呼应，朝鲜语汉字词"전"不能与处格助词"-에서"组合使用。

据考察，朝鲜语固有词"앞"与汉字词"전"不仅在格助词的组配上体现出差异，在不同句法位置中也呈现差异。如，"앞"不能与系词"이다"组合做谓语，但"전"则可以：

(27) a. 내가 최초로 밀항을 결행했던 것은 석 달 전이다.(박해준，《밀항기》)
b. *내가 최초로 밀항을 결행했던 것은 석 달 앞이다.
(28) a. 이 지역에 호화주택이 서기 시작한 것은 불과 몇 년 전이다. (《고려대 한국어대사전》)
b. *이 지역에 호화주택이 서기 시작한 것은 불과 몇 년 앞이다.

3. 据서상규(2000)语料统计分析，"뒤"用于表达时间的频率最

高，达49%。15世纪《翻译老乞大》、17世纪《老乞大谚解》中"뒤"有时既可以表达空间方位，又可以表达时间。如：

(29) 둘흐란 ㅎ여 뒤헤 즘승 모라 오게 ㅎ고(《翻译老乞大》)
둘흐로 ㅎ여 뒤헤 즘싱 모라 오케 ㅎ고(《老乞大谚解》)
(这两个在后面赶牲口来。)

"뒤"也可以专门用来表示时间。同时，汉字方位词"후"也可以用来表示时间。如：

(30) 글을 講한 후에 스 므슴 공부 하나뇨(《老乞大谚解》)
(讲完后做什么功课？)

现代朝鲜语固有词"뒤"和汉字词"후"表示空间方位时，"뒤"的使用范围远比"후"广，即"후"受限情况比"뒤"多。如：

(31) a. 이 건물 뒤로(*후로) 돌아 가시오.
(从这栋楼后面绕过去。)
b. 영희 뒤에(*후에) 앉거라.
(坐在英姬后面吧。)

但"뒤"、"후"表示时间时却可以通用，互换。如：

(32) a. 약속 날짜를 이틀 뒤/후로 물리다.
(见面日期推迟到两天后。)
b. 한참 뒤/후에 전화가 왔다.

(过了一段时间后才打来电话。)

c. 남편은 한번 떠난 뒤/후로 일자무소식이다.

(丈夫离开后一直没有消息。)

d. 결혼을 한 뒤/후로 그의 얼굴에는 화기가 돌았다.

(结婚后他的脸上开始有了生机。)

不管是时间词还是动词性成分，固有词“뒤”和汉字词“후”都可以与之组合表示时间。

二、对象、领有

上文指出，朝鲜语和汉语“앞/前”可指人脸、眼睛所向的一方。尤其当指人名词做参照物Y，且以此为依据表动作发生的前方时，指“面前”义、“面对”义。如：

(33) a. 주인 앞에서 남의 욕을 한다.

b. 在主人面前(前面)说别人坏话。

(34) a. 본인 앞에서 직접 할 말은 아니다.

b. 这不该是在本人面前(？前面)说的话。

例(33)、(34)中的“앞/前”是指在“주인(主人)”、“본인(本人)”的视野内作出某一行为。或者行为者面对“주인(主人)”、“본인(本人)”作出某一行为。亦即“앞/前”可表示“面对”义，进而可以表示“对象”义。下例中的“앞/前”既可表达空间前后关系，同时已具有“对象”义。如：

(35) a. 어머니는 패물이 들어 있는 함을 내 앞에(나에게) 내놓으셨다.
b. 妈妈把装有首饰的盒子端到我面前(前面)。

(36) a. 영감쟁이 앞에(영감쟁이에게) 복채를 두둑이 놓고 점을 치는 것이었다.
b. 在老头子面前(前面)摆上厚厚的卦礼算命。

(37) a. 화덕에 올려놓았던 주전자의 보리차를 대접에 부어 손님 앞에(손님에게) 내놓았다.
b. 把放在火炉上的水壶里的大麦茶倒进碗里，放在客人面前(前面)。

例(35)~(37)指事物X“盒子”、“卦礼”、“大麦茶”摆放在参照物Y“我”、“老头子”、“客人”前面，表示两者的前后空间关系，但同时又表示“我”、“老头子”、“客人”是接收“盒子”、“卦礼”、“大麦茶”的对象。

再看下例：

(38) a. 매 어린이 앞에(매 어린이에게) 수건을 하나씩 나누어 주었다.
b. 在每个孩子面前(给每个孩子)分发一条毛巾。

(39) a. 한 사람 앞에(한 사람에게) 두번의 기회가 있다.
b. 一个人面前(一个人)有两次机会。

例(38)、(39)中的“앞”出现在指人名词“어린이(孩子)”、“사람(人)”等前表示参照物Y已成为X“수건(毛巾)”、“기회(机会)”的领有者。汉语“前(面)”则很难出现在此类句子中，汉语可用“面前”。朝鲜语表示对象、领有的“앞에”可与格助词“에게”替换。

三、条件、原因

朝鲜语“앞”的“面对”义进一步拓展其概念域，用来表示“条件”。如：

(40) a. 모든 사람은 법 앞에서 불평등한 대우를 받아서는 안 된다.(《표준국어대사전》)

b. 所有人都不应该在法律面前受到不平等待遇。

(41) a. 대자연의 위력 앞에서 인간은 연약한 갈대만도 못한 존재이다.(《표준국어대사전》)

b. 在大自然的威力面前，人类连脆弱的芦苇都不如。

(42) a. 그런 상황 전개 앞에서 나나 안동무가…그냥 좌시할 수 있었겠소?(조정래，《태백산맥》)(《표준국어대사전》)

b. 在那种状况面前，我和我的同伴……能坐视不管吗？

(43) a. 그들은 냉혹한 현실 앞에서(때문에) 무릎을 꿇지 않을 수 없었다.

b. 他们在冷酷的现实面前不得不下跪。

(44) a. 그는 차츰 두텁게 겹쳐 오는 좌절감의 압박 앞에서(때문에) 몸 둘 곳 없어하며….(이문구，《장한몽》)

b. 他在层层压来的挫败感面前无处栖身。

(45) a. 우리의 많은 애국 지사들이 일본 경찰과 헌병의 총칼 앞에(때문에) 쓰러져 갔다.(김한샘，2006)

b. 我们的许多爱国志士倒在日本警察和宪兵的枪杆前。

(46) a. 너무도 갑작스러운 사태 앞에서(때문에) 사람들은 그저 머리가 어리뻥뻥할 따름이었다.(《표준국어대사전》)

b. 在突如其来的事态面前，人们感到脑袋一片空白。

例(40)~(42)表条件，如例(40)中“法律”是“受到平等待遇”的条

件。例(43)~(44)则既可视作条件又可视作原因，如例(43)中"冷酷的现实"是他们"不得不下跪"的条件又是原因。例(43)~(44)中"앞에서"可用表原因的"때문"替代。而例(45)~(46)则不再表示条件，如例(45)a中"日本警察和宪兵的枪杆"并不是"爱国志士倒下"的条件，而是原因，例(45)~(46)中"앞에서"可用表原因的"때문"替代。从例(40)~(46)可看出"앞에(에서)"与NP组合由表条件逐渐变为表达原因。汉语"前(面)"则很难出现在此类句子中，汉语多用"面前"。

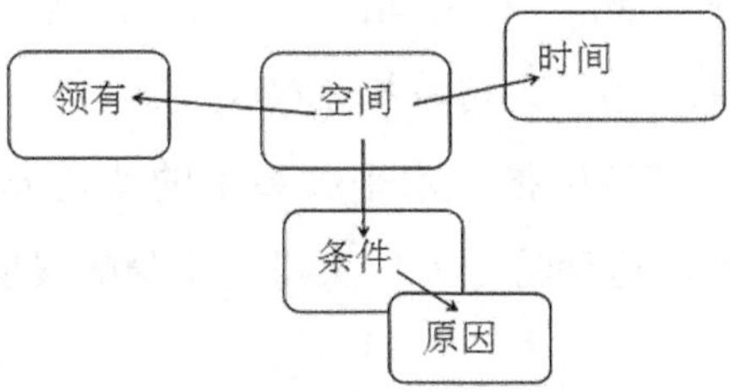

图28

第二节　"上/下"和"위/아래"

"上/下"和"위/아래"的核心意义为指定两个实体或一个实体中两个部分在构成垂直关系时的相对位置。但实际上，即使X和Y处于水平关系，也可以用"X가 Y의 위/아래에 있다"、"X在Y的上/下"来表达。如：

(47) a. 흑룡강성은 길림성 위에 있다. / 길림성은 흑룡강성 아래에 있다.

b. 黑龙江省在吉林省上面。/ 吉林省在黑龙江省下面。

例(47)并不意味着黑龙江省海拔比吉林省高，在圆形地球上区分“上/下”原则上不合逻辑，但是可以人为地设定位置，以此为基准区分上下。例(47)中的“위/上”指的是纬度上地处北边，“아래/下”指地处南边。汉语和朝鲜语通常说“北上、南下”，没有“南上、北下”这种说法。朝鲜语“윗바람/아랫바람”指不同方向吹来的风，如放风筝时指西风和东风。再如“위포청/아래포청”是指“우포도청(右捕盗厅)/좌포도청(左捕盗厅)”，此时“右”指北、西，“左”指南、东。因此朝鲜语“위/아래”既可以指北/南，也可以指西/东。

可见，“위/아래”可以指示水平关系中的特定方位，这是空间意义泛化的一种表现，这种特定方位又进一步隐喻投射到虚拟空间。

一、时间

“上/下”和“위/아래”都可以表示“过去、首先/将来、最后”等时间，这种表达与人们感知空间的顺序有关。人站立时，通常容易感知前方和地面以上的空间。据此，人们给某个对象定顺序时，用方位词“上”来表达“首先”义，用“下”来表达“最后”义，这是将易感知的要素为“先”的心理机制运作的结果。看下例：

(48) a. 위에서 말한 내용/아래에 말할 내용

b. 윗代/아랫代

c. 웃거름/—

d. 웃국/—

例(48)中"위(웃)"、"아래"表示时间上的"先"或"后"概念，例(48)a是以说话人说话时刻为基准已发话认知为先发话的结果，或将来发话认知为后发话的结果。例(48)b中"웃代/아랫代"表示家族或世代中，以某个时期为标准指称更早/之后的一代。例(48)c中"웃거름"是播种后或移栽后先施的肥，朝鲜语时间上后施的肥则不用"아랫거름"用"뒷거름"。例(48)d"웃국"是指酱油或酒等酿熟后最先舀出的浓汤，朝鲜语没有与之对应的"아랫국"。

汉语里时间在先、在前、早时用"上"，时间在后、晚时用"下"。如：

(49) a. 上面说的内容/下面说的内容
b. 上一代/下一代

例(49)a中方位名词"上面/下面"、例(49)b中前缀"上/下"与朝鲜语"위(웃)"、"아래"一样以说话人说话时刻为基准表示过去和将来。汉语里上下方位概念隐喻投射到时间概念域，主要以"上/下"作为构词单位(前缀)或作定语表示先后时间。如：

(50) 上次/下次　上半月/下半月　上半年/下半年　上半辈子/下半辈子
지난번/다음번　선보름/후보름　상반년/후반년　반평생/후반생
上午/下午　上旬/下旬　上世纪/下世纪　上星期/下星期
상오/하오　상순/하순　지난 세기/다음 세기　지난주/다음 주
上半夜/下半夜
자정 전/새벽

朝鲜语固有词"위/아래"除了例(50)以外很少用来表示时间，上

下空间概念投射到时间域时，朝鲜语可用汉字词“상/하”来表达，但数量上远不如汉语“上/下”多。如例(50)中“上次/下次、上半月/下半月、上半辈子/下半辈子、上世纪/下世纪、上星期/下星期、上半夜/下半夜”对应的朝鲜语都用其他形式表达。汉语“上/下”在熟语中也常用来表示先后时间，如“上顿吃不饱，下顿省不了”。

朝鲜语和汉语“위/아래(상/하)”、“上/下”不像“앞/뒤(전/후)”、“前/后”，几乎不可以出现在时间词后面表达时间的先后。如：

(51) a. *세 시간 위/아래　*한 주 위/아래　*추석 위/아래
　　b. *三个小时上/下　*一周上/下　*中秋节上/下

민현식(1990：53)指出，世界语言中“上/下”空间概念功能词(或词缀)表达时间概念表现出无能产性。英语跟朝鲜语相比能产性稍高一些，如：“up to this time(到现在)、upcoming(即将到来的)、up-to-date(直到最近的)、from his youth upward(从青年时代起)”中的“up”和“upward”表示过去进行。再如：“down the ages(自古以来)、from the 10th century downward(10世纪以来)”中的“down”和“downward”也用来表示过去进行。另外“on”如在“drive on，keep on”中可表示进行或持续。

中世纪朝鲜语“우/아래”可用于表达过去和未来。如：

(52) a. 千世 <u>우희</u> 미리 定ᄒᆞ샨 漢水北에 累仁開國ᄒᆞ샤(《용비어천가》125)
(千世默定汉水北)
　　b. 千載<u>아래</u> 盛德을 ᄉᆞᆯ바니(《용비어천가》76)
(故维千载盛德称仰)

例(52)中"千世 우희"指"千世前"，"千載 아래"指"千年后"。

二、范围、条件等

"위/아래"和"上/下"在空间概念域中表示"位置在高处/低处"或指示"事物表面"。这种空间关系逐渐用于虚拟空间关系的表达上。如：

(53) a. 桌子上有一本书。
　　b. 报纸上的字太小。
　　c. 电视上一则广告引起轩然大波。

例(53)a以空间实体参照物Y"桌子"为依据，X"书"在其表面。而例(53)c中参照物Y"电视"虽为空间实体，但X"广告"已不处于Y的表面，而是以Y为参照范围的内容。例(53)b中X则介于实体与内容之间。

朝鲜语固有方位词"위/아래"则不能表示内容，如：

(54) *신문 위의 글자가 너무 작다.
　　*티브이 위 광고가 대중들의 이목을 끌었다.

表示接触关系的X和Y在认知上可以识解为背景(background)与物象(figure)④，背景通常比物象要大，物象受的注意力要比背景大。

④ "物象(图形)，指某一认知概念或感知中突出的部分，即注意的焦点部分；背景，即为突出图形而衬托的部分。"(赵艳芳. 认知语言学概论，上海：上海外语教育出版社，2001：148)

(Talmy 2000) 例(53)a~c中参照物"桌子、报纸、电视"是"书、字、一则广告"等物象所存在或依据的背景。因此作为背景的参照物，即"Y上/下"可以隐喻表达范围或方面，X则表示范围中的内容或某方面影响下产生的结果。如：

(55) a. 由于理论上、观念上、认识上的束缚和局限，该市玻璃工业企业的改革进程缓慢。(《科技文献》)

b. 이론상, 관념상, 인식상의 속박과 한계로 인해 이 시의 유리 공업 기업의 개혁은 진행이 더디다.

(56) a. 他在政治上、经济上、文化上，各个方面对中国历史都发挥过重要影响。[《明十七帝疑案(一)》，百家讲坛]

b. 그는 정치・경제・문화(상)，각 방면에서 중국 역사에 중요한 영향을 미친 적이 있다.

(57) a. 他们把企业转机的希望寄托在外部环境上。(《人民日报》，1995)

b. 그들은 기업의 전향에 대한 희망을 외부 환경에(*환경상에) 걸고 있다.

(58) a. 自企业创办以来，海亮在加强经营管理的同时，始终把功夫下在质量上。(《科技文献》)

b. 기업 창립 이래 하이량은 경영 관리를 강화하면서 시종일관 품질에(*품질상에) 공을 들였다.

(59) a. 抓训练不是为了提高部队战斗力，而是把真实目的定位在个人名利上 。(《科技文献》)

b. 훈련은 부대의 전투력 향상을 위한 것이 아니라 개인의 명리에(*명리상에) 목적을 두고 있다.

从例(55)、(56)可以看出，汉语和朝鲜语表范围(方面)的"Y상/上"作为X的参照物即背景出现在句首或句中的位置。有趣的是，从

例(57)、(58)、(59)可以看出，汉语“Y上”可以出现在句末作为信息焦点，而朝鲜语则不可以，尤其在SVO语言中句末是焦点(focus)所处的常规之位。张伯江、方梅(1996)和徐烈炯、刘丹青(1998)所说的常规焦点(自然焦点)，在汉语中都是倾向位于句末。如，“他十年来一直住在北京”和“他在北京一直住了十年”中前一句的焦点为“在北京”，后一句的焦点为“十年”。朝鲜语信息焦点一般落在动词之前，尤其是紧靠动词之前的位置，这是SOV语言或SOV为可选语序之一的语言的普遍共性。(刘丹青 2008) 可见，当朝鲜语“Y상”表范围(方面)时，只能作为非焦点出现。如果要位移成为句子的信息焦点，出现在靠近动词的位置，则排斥“상”，如例(57)b、(58)b、(59)b。

朝鲜语“Y상”作为背景表范围(方面)，主要出现在定语位置。如：

(60) a 자기의 행위가 공정하면 신문상 논박이 없으리라 하는 고로……(《대한매일신보》)
b. 마사지도 부분 비만에 따른 신체상의 불균형을 바로잡는 좋은 방법이다 (《서울신문》，2004년 5월)
c. 울적한 느낌이 기분상의 문제를 넘어 신체와 생각의 여러 부분에까지 영향을 미쳐…… (《매일경제》，2001년 9월)
d. 정치상의 문제에 직면했을 경우(《표준국어대사전》)

某物X处于Y的下方，可识解为X在Y的范围内。如：

(61) a. 그는 처마 아래에서 비를 피하고 있다.
b. 他在屋檐下避雨。

例(61)中参照物Y"처마/屋檐"是"그/他"所在的处所范围，是物象(figure)"그/他"的背景(background)。这种关系隐喻投射到抽象概念域，可以表示"影响范围"，即指"X在Y的影响下……"。

(62) a. 뜨거운 태양 아래서 달리기를 했더니 목이 마른다.(《표준국어대사전》)

b. 在烈日下跑步，口渴极了。

(63) a. 오후의 햇빛 아래 흰 눈이 찬란한 빛을 반득이고 있다.(《표준국어대사전》)

b. 午后的阳光下，白雪闪烁着灿烂的光芒。

例(62)中Y"태양/烈日"既可指示跑步的人所处的空间位置(X在Y下方)，也可理解为跑步的人口渴是因为受到烈日的影响。例(63)表达重点并不在X"눈/白雪"在"햇빛/阳光"的下方，而是说明白雪散发光芒是因为受到阳光的影响，是对他人或周围事物起了作用。这种关系进一步引申表达"条件"。条件是事物存在、发展的影响因素；所具备或处于某种状况。如：

(64) a. 그 일은 치밀한 계획 아래 진행되었다.(《표준국어대사전》)

b. 那件事是在周密的计划下进行的。

a. 6월 초 선거가 실시된다는 가정 아래 준비를 해 왔다.(《표준국어대사전》)

b. 在6月初举行选举的假设下，一直做着准备。

例(64)的"아래"和"下"都比较普遍，朝鲜语不仅有固有词"아래"这种用法，还有汉字词"하"常跟处所格助词"-에"组合用于表达条件。

(65) a. 상사의 지휘하에 모든 차량을 동원하여 여수 시내에 쳐들어갔소.(《표준국어대사전》)

b. 우리는 공증 기관의 확인하에 계약서를 작성하여 분쟁의 소지를 없애기로 했다.(《고려대 한국어대사전》)

c. 그 일은 정부의 감독하에 놓이게 되었다.(《고려대 한국어대사전》)

通过语料统计发现，与“-아래/하에”组合表示条件的Y大部分为双音节汉字词。如：

(66) -의 (지휘/감독/지원/상황/여건/영향/지도/통치/참석/조건/환경/관할/의심/영도/관장/명령/요청/각오) 아래/하에……

这类词一般带有“自上而下”的语义特征，至少不具有“自下而上”的语义特征，汉语也大致如此。如：

(67) a. 显示了党绝对领导下人民军队的坚强战斗力。(《人民日报》，1998)

b. 在家长的命令下孩子不得不学……(《人民日报》，2003)

c. 在日寇统治下14年亡国奴生活的东北人……(《人民日报》，2003)

d. 众多汽车在一名男子的指挥下，为匆匆赶往河中的妈妈和她的小宝宝们让道。(《科技文献》)

下方空间概念功能词隐喻表示“影响”或“条件”的现象在其他语言中也普遍存在。如英语中：

(68) a. The city is under enemy control.

(那座城市现处于敌人的控制之下。)

b. we work under great difficultise because of the climate.

(由于受气候的影响，我们的工作受到了阻碍。)

c. under the guidance of the new teacher, the class soon showed marked improvement.

(在新老师的指导下，这个班很快就有了显著的进步。)

第三节 "里/外"和"안/밖"

我们经常把一些边界模糊的事物赋予边界(如，"走出沙漠")、没有维向的事物也视为容器(如，"走出沙漠")，而且我们可以将它用来组织更为抽象的概念，即容器概念映射到抽象的认知域。这种概念之间的映射就是隐喻，而这种映射是单向性的——从具体到抽象。

具体空间概念在隐喻机制作用下可映射到抽象的认知域，如表示集合、时间、状态、事件等概念时都有"容器"概念映射的痕迹。从源域(空间域)到目标域(集合、时间等)映射的过程中保持不变的是源域中的高度概括的认知结构——意象图式，就是Lakoff强调的恒定原则。

我们把视觉领域概念化为容器，即视为有内有外的容器。如"시야/视野"、"안계/眼界"等词汇本身也反映这一点。当看到一定界限所包围的区域时，我们的视觉领域会根据我们能看到的部分而被限定，因此这种隐喻是自然的。如：

(69) a. 천안문 누각에 서서 멀리 바라보니 오가는 행인들과 차량이 모두 눈 안에 들어온다.(에듀월드 표준중중한사전)

（站在天安门城楼上远望，来往行人及车辆尽收眼底。）

b. 她目送着火车走远，直到它从视野里消失。(《라인딕 중영사전》)

（70）a. 그는 지난번 실수로 사장의 눈 밖에 났다.(에듀월드 표준중중한사전)

（由于上次的失误社长对他失去了信任。）

b. 最好将笔记本放在被访谈者视线外。

一、时间

人们经常把连续的时间分成多个部分来思考。比如，一天分成早、中、晚，一年分成春、夏、秋、冬，都是将时间领域化的结果。汉语"里/外"和朝鲜语"안/밖"反映容器图式。容器意象图式的内部结构由"里、外、边界"三个要素构成，在映射的过程当中这些要素将被保留。

时间分成时点和时段。时点或时段是着眼于它们可以在人们构拟的时间链条上占据某一点或某一段的形态特征来命名的，即"时段"着眼于时间的长短这一表义功能，"时点"则着眼于指示时间的位置功能。邓守信在《汉语动词的时间结构》中认为，现代汉语的时间结构分为起点(inception)、终点(termination)，这两点之间的过程为时段(period)，从而可以将时段识解为有边界的、有里有外的抽象事物，即具备了容器图式的三个要素。正因如此，人们经常用表示内外概念的空间功能词与时段词组合表示时间的长度。如：

（71）a. 이 일을 한 달 안에 끝낼 수는 없어요.(《고려대 한한중사전》)

b. 无法在一个月内搞定这件事。

（72） a. 일 년 내 집값이 또 올랐다.
b. 一年内房价又涨了。

如果一个空间或事物是一个点，也就无所谓有里有外，时点词用来指示时间的位置，因此排斥与内外概念空间功能词组合。如：

（73） a. *그녀는 12월 안에 이혼했다.
b. *她12月内离的婚。
（74） a. *동생은 지난주 안에 지갑을 잃어버렸다.
b. *弟弟上周内丢了钱包。

丁声树等（1990）、李向农（1997）指出，时点回答"什么时候"，可以用"这个/那个时候"来指称；时段回答"多长时间"的提问，可以用"这段/那段时间"来指称。例（73）、（74）中的"12월/12月"、"지난주/上周"虽都有长度，但在句中不能回答"多长时间"。动词"이혼하다/离婚"、"잃다/丢"等被识解为瞬间类的非持续事件。句中内外概念功能词"안/内"又将句中的时间词容器化，因此不能与之共现。

1. 朝鲜语"안"、"내"、"중"可以与时间词组合，表示该时间段发生了什么情况，"속"则没有这种功能。如：

（75） a. *이 일을 한 달 속에 끝낼 수는 없어요.
b. *일 년 속 집값이 또 올랐다.

"안"、"내"、"중"虽然都可以与时间词组合，但有分工。

人们将时间识解为一维的线性事物，上文指出"속"不像"안"、"내"等可以指示一维实体的内侧，它排斥与一维的线性空间实体名词

组合。(参看2.2.3.1) "속"在空间域中所受的限制被保留，导致无法投射到时间域中。

朝鲜语汉源方位词"내"和"중"也常用来表示时间概念，其中"중"经常用在代体时间词⑤的后面。

(76) a. 대학 재학 중(*안/*내) 에 입대하다.(《표준국어대사전》)
(大学在校期间入伍。)
b. 여행하던 중(*안/*내) 에 만난 사람. (《표준국어대사전》)
(旅途中遇到的人。)

事件离不开空间和时间。事件发生在一定的空间里，同时事件是在时间链条上发生、发展，本身有起止，它是有边界的。"중"用来表示"재학(在校)"、"여행(旅游)"等事件发生的时间为参照，在此时间范围内发生谓语所表示的动作或行为。朝鲜语"안"、"내"则无此功能。

上文谈到，人们将时段识解为有边界的、有里有外的抽象事物，时段具备了容器图式的三个要素。这种认知基础使得朝鲜语和汉语经常用表示内外概念的空间功能词与时段词组合，排斥时点词与之组合。但并非所有情况下都是如此，看下例：

(77) a. 논문은 15일 안(내/중) 으로 제출하시오.
(请15日内提交论文。)

⑤ 时间从指称的角度可分为本体时间和代体时间。本体时间是用本身具有时间属性的词语来指称时间，如"1992年12月20日、星期天"等；代体时间是本身不具有时间属性的词语通过某种媒介而具有指称时间的功能，如节日、节气、事件等的名词所具有的指称时间的功能。(李向农 1997)

b. 논문은 5월 15일 안(내/중) 으로 제출하시오.

（请5月15日之前提交论文。）

（78） a. 논문은 15일 안(내/*중) 에 제출하시오.

b. 논문은 5월 15일 ?안(?내/*중) 에 제출하시오.

从例(77)、(78)可以看出，朝鲜语内外概念空间功能词可以出现在时点词后面，但仅限于后接方向格助词"-(으)로"，如果后接位格助词"에"，则不自然或不成句。这种差异主要是因为位格助词"에"凸显时间位置，而方向格助词"-(으)로"凸显方向或指向点，暗含过程或路径。因此，时点词与"-(으)로"组合表示说话人发话时到时点词指示的位置，位格助词"에"则不能。可图示如下：

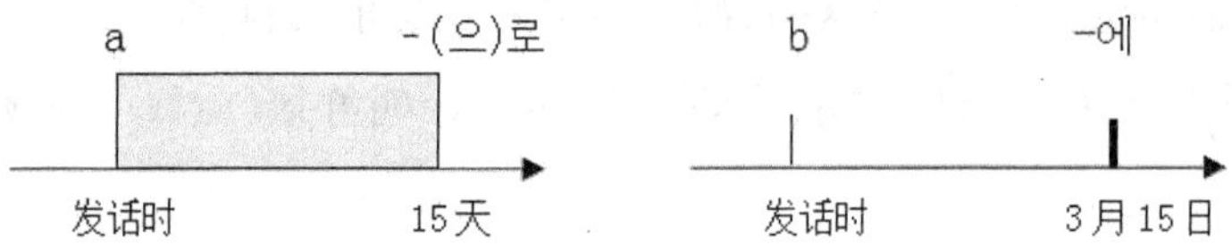

图29

汉语一般用表示终点的介词"到"或方位词"前"与时点词组合表达时间范围。

（79） a. *5月15日里/内/中提交论文！

b. 请5月15日之前提交论文。

c. 论文提交到5月15日为止。

2. 汉语用"时间词+里、中、内"表达这段时间里发生什么事或出现什么情况。如：

（80）a. 她的罪行，她的武艺，都发生在这一个月中(里/内)。(余秋雨，《乱世流浪女》，1999)

b. 在这一年里(中/内)，发生了许多事。

如果事件还未发生或还未完结，情况就会复杂一些。如：

（81）a. 我们已经是夫妇，下星期登记，如无意外，半年内(*里/*中)举行婚礼。

b. 原则上所有审批手续务必在五日内(*里/*中)完成。

例(80)和例(81)的区别主要在于谓语表达的事件上，例(80)中表过去，例(81)表将来。"里、中、内"出现条件与句中表达的事件相联系，即"内"可在未然句中出现，"里、中"则不能。与例(80)相比，例(81)的时制结构是不同的。时制结构，即参照时间、情状的发生时间、说话时间三者在时轴上的相互关系。(陈平 1991：172-176) 下图中箭头部分表示时轴、R(灰色方框部分)表示由"里、中、内"构成的时间参照、E表示情状时间即事件发生的时间、S表示说话时间。

例(80)的时制结构：

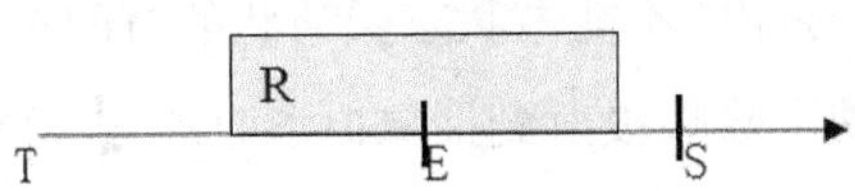

图30

例(81)的时制结构：

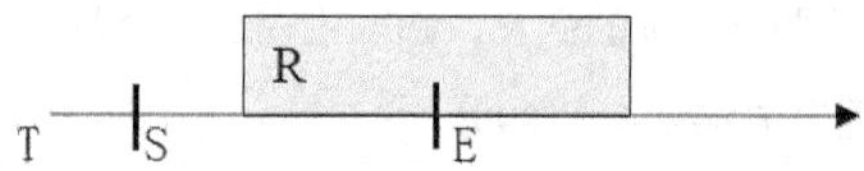

图31

二者的主要区别是例(80)的说话时间在参照时间和事件的发生时间之后，表已然；例(81)的说话时间在参照时间和事件的发生时间之前，表未然。

再看下例：

(82) a. 不能不承认这几年中(里/*内)党风有了显著的进步。(《福建日报》，1982)

b. 一年中(里/*内)他有四个月的时间来这个洞中居住。(《文汇报》，2004)

c. 之后的五年里(中/*内)我都活在思念里……

例(82)与例(80)、(81)的主要差异体现在情状类型的不同。例(80)、(81)中的"发生、举行、完成"等都属于动作类情状，而例(82)中的"有、居住、思念"等具有一定的静态性质，是状态类情状。从例(82)看出，"时段词+内"不能做状态类情状的时间参照。

上述现象反映了隐喻投射到抽象概念时遵守"恒定原则"，保持不变。"状态"具有均质的时间结构，其边界是模糊的、不明确的。而"内"在表达空间内外概念时，凸显"边界"要素(参看2.2.3.3)，因此在隐喻投射到时间概念时，凸显边界的"内"，自然不能作边界模糊的

"状态"类情状的参照。

二、范围、集合

（一）汉朝光杆名词与内外概念功能词的组合

内外空间概念词，有时与空间实体名词组合时不表示内部空间，而表示数量范围。如：

(83) a. 对所选学校中"专升本"率高的专业应多关注。(《福建日报》，2008-08-06)

b. 在动物里有着最美名字的是鸟类，与野兽和鱼类相比的话。(川端康成，《翼的抒情歌》)

光杆名词可根据不同的句法环境、认知，或具有内涵义，或具有外延义。注重内涵的、突出类属的，称类指成分。类指成分并不强调内部的个体或特定的、确定的个体。(徐烈炯、刘丹青 2007) 例(83)中的"学校"、"动物"用来指这类范畴，非特定的个体内部。

同样朝鲜语的光杆名词既可以表示个体，也可以表示类指。光杆名词后面加上内外概念功能词，可以表达某类范畴。如：

(84) a. 그녀는 강아지 중에서 푸들을 제일 좋아한다.

(她在小狗中最喜欢泰迪。)

b. 오늘 사온 강아지 중에서 푸들이 제일 이쁘다.

(今天买来的小狗中泰迪最好看。)

例(84)a中“강아지(小狗)”泛指所有种类的犬，而非特定的、确定的个体。例(84)b中“강아지(小狗)”只限于指称今天买来的个体性突出的幼犬。句中“중”即是用来划定此范围的功能词。

类指是一个独立的指称成分，它实际上是有外延的，其隐性的外延相当于全量。(刘丹青 2002) 这种外延往往被忽视、被抑制，汉、朝语类指成分后面出现“里/中”、“중/속”将非个体性类指成分的隐性外延义凸现出来。

(85) a. 동물 중에서 돌고래와 개의 지능 지수는 비교적 높다.
b. 在动物中，海豚、狗的智商比较高。

(86) a. 모든 동물 중에서 돌고래와 개의 지능 지수는 비교적 높다.
b. 在所有动物中，海豚、狗的智商比较高。

例(85)a和b不管加不加表全量的“모든/所有”，其真值条件基本不变。句中的光杆名词“동물/动物”，或加上凸显范围的功能词“동물 중/动物中”，或前加全量成分的“모든 동물 중/所有动物中”，其“동물/动物”内涵基本不变。本书认为汉、朝内外概念功能词凸显隐含的、被默认的或被抑制的“全量”外延义，即给某类事物赋予界限，凸显范畴。

(二) 汉、朝指量名词与内外概念功能词的组合

名词可根据是否具有数量特征、是否可以用两次短语修饰，分为可量名词和非量名词。名词的基本属性是空间性，可量名词的语义特征大都与空间性相关，所以一般名词都可以受不同类别的量词短语修饰；而非量名词由于特定的语义内涵、御用习惯等因素，形成了一些不能量化的语义特征，从而导致了该名词缺乏量的属性。

如“病势、大自然、长白山、潮汐、宫廷、肌体、儒家”；“대자연(大自然)、남대문(南大门)、개인(个人)、하늘(天空)”等。非量名词通常不能受指量成分的修饰。只要不能受指量成分修饰的名词，就不能表示集合，即非量名词与内外概念功能词共现，不能表示集合概念。如：

(87) a. *장백산 안은 자연보호구역이다.
(长白山是国家级自然保护区。)
b. *하늘 중에 무지개가 떴다.
(天空中出现了彩虹。)

(88) a. 我宁可让自己的大脑停留在一片真空地带，让肌体中的每一个活性细胞都像入冬的熊那样冬眠起来…(凌白，《今生无爱》)
b. 他们相信大自然里一物降一物、一物克一物的道理。
c. *……往往对少数个人中产生心理影响，形成舆论压力，使人容易从众。

上例中有些不能与内外概念功能词组合，有些可以与之组合，但组合后不能表示集合概念。非量名词包括专有名词和无量名词，例(87)a“장백산(长白山)”是专有名词。专有名词有“唯一性”特征，没有外延，是不可数名词。专有名词等这些非量名词只有一个个体或个体被弱化，无法构成集合范畴。集合是区别该集合范畴以外的其他成员，它是有边界的、凸显外延的。而内外概念功能词表示实体之间的里外关系，因此没有外延的非量名词与内外概念功能词组合后不能表示集合。

内外概念功能词可以与可量名词组合表示集合概念。这种组合，有些可以直接表达集合概念，有些则必须前加指量成分。如：

(89) a. 여학생 중에 영희가 제일 이쁘다.
b. 여학생들 중에 영희가 제일 이쁘다.
(90) a. 女生中最漂亮的是英姬。
b. 这些女生中最漂亮的是英姬。

例(89)、(90)中a和b不管有没有出现指量成分，"여학생/女生"都表示集合概念。

(91) a. 다행히 사고 중에 다친 사람은 없었다.
b. 다행히 네 번의 사고 중에 다친 사람은 없었다.
(92) a. 幸运的是，事故中无一人受伤。
b. 幸运的是，四次事故中无一人受伤。

例(91)中的"사고/事故"属事件名词，事件名词蕴含过程，如果不加指量成分"事件名词+内外空间功能词"，只能表示事件的过程，不能表示集合。像例(92)有生名词(人或动物)后面加内外空间功能词，不加指量成分也可以表示集合概念。

如果一个集合中的个体之间有非同质的特征，就可以受数词"一"和内外概念功能词的修饰。如：

(93) a. 한 쌍의 부부 중에 여자가 직업이 없을 경우……
b. 一对夫妻中女性没有职业时……
(94) a. 열 쌍의 부부 중에 자녀가 없는 부부는……
b. 十对夫妻中无子女的夫妻……
(95) a. 한 가정 중에 부모님 한 분이 외국인일 경우……

b. 如果一个家庭中父母其中一位是外国人……

（96）a. 저들 가정 중에 부모님 한 분이 외국인인 가정이……

b. 这些家庭里父母其中一位是外国人的家庭是……

仔细观察会发现，例(93)、(95)中的名词“부부/夫妻”、“가정/家庭”是非同质的，即这些名词所表达含义中的义素或成员的自主性很强。而例(94)、(96)中的名词是同质的，表达的是弱自主性的概念集合。

以“家庭”和“公众”为例，将同质事物和非同质事物图示如下：

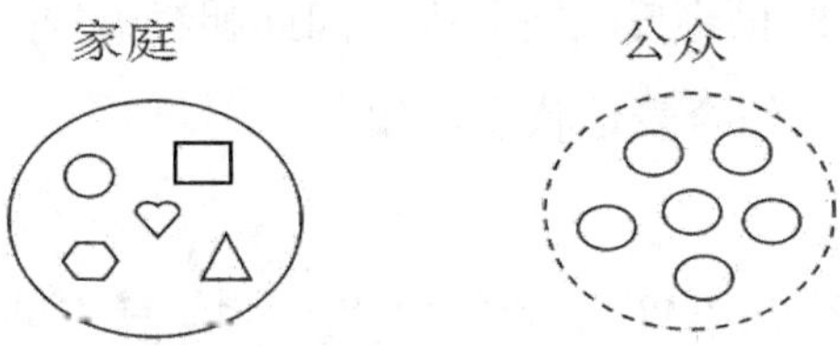

图32

有些名词后面的内外概念功能词可激活集合概念，有些则有歧义(或表示空间概念或表示集合概念)，有些则仍表示空间概念。以光杆名词为例，我们试列以下等级：

集合 ←-------------------------------------→ **空间**

集体名词 >	指人可量名词 >	指物可量名词 >	无量名词
夫妻中	女生中	信中	天空中
부부 중	여학생 중	편지 중	공중

集体名词、指人可量名词后加内外概念功能词不带指量成分也可以表示集合；指物可量名词后加内外概念功能词会产生歧义；无量名词后加内外概念功能词则只能表示空间概念。

三、状态

汉语“里/中”和朝鲜语“속”与形容词性成分组合，表示处在某种状态之中。所谓“状态”是指事物或现象的状貌特征，“状态”具有模糊、无界、非离散等特征。而汉、朝内外概念功能词中“안”和“内”在指示具体空间方位时都将凸显边界要素（参看2.2.3），这些图式特征隐喻投射到抽象概念时也将反映在其中，因此朝鲜语“안”和汉语“内”通常不与形容词性成分组合表达状态。如：

(97) a. 가난 속(*안)、행복 속(*안)、어둠 속(*안)、절망 속(*안)

b. 贫穷中(*内)、幸福中(*内)、黑暗中(*内)、绝望中(*内)

再看下例：

(98) a. 又开始在漆黑里喧嚷。(路翎，《卸煤台下》)

b. 又开始在漆黑中(*内)喧嚷。

(99) a. 白茫茫里，群山都看不见了。(冰心，《冰心文集》)

b. 白茫茫中(*内)，群山都看不见了。

(100) a. 我的整颗心，都在指尖触及的冰凉里。(BCC语料库)

b. 我的整颗心，都在指尖触及的冰凉中(*内)。

“漆黑”、“白茫茫”、“冰凉”属于状态形容词，一般汉语状态形容词不能与“里/中”组合，如通常都不能说“白不呲咧里/中”、“黄灿灿里/中”、“雪白里/中”、“大大方方里/中”。性质形容词也受一定的制约。

汉语还受音节的制约，双音节形容词通常可以与“里”或“中”组合。如：

（101）a. *冷中、*饿中、*热中、*穷中、*假中

b. 寒冷中、饥饿中、炎热中、贫穷中、虚假中

一般汉语单音节形容词后面不能带“里/中”，但“白里透红、忙中偷闲、静中有动”等已词汇化，“白、忙、静”等单音节形容词后面可以出现“里”或“中”。其实，它不像其他“形容词+里/中”结构，在前面可以受介词“在”的修饰，如“在白茫茫里、在漆黑中”。也就是说，介词“在”的管辖范围并不是在“白里、忙中、静中”之后，这些四字格结构相当于一个词。

朝鲜语形容词经过体词化以后，与容器标记的结合比汉语更加自由。朝鲜语将这些体词化的形容词归为状态名词。(서정수 1996)

（102）a. 아픔 속에 겨우겨우 딛고 일어나야 했던 지난 나날이……(이명훈，《꼭두의 사랑》)

(从痛苦中艰难地站立起来的那些日子……)

b. 그 푸르름 속에서 들새들처럼……(《동아일보》，2002)

(在那绿中像一只自由的小鸟……)

例(102)的“아픔 속(痛中)”、“푸르름 속(绿中)”汉语翻译是不恰当的。显然汉语能与内外概念功能词组合表达状态的形容词受限较多。

我们选取了5个表示状态的形容词做了统计，结果显示汉语基本倾向于用“中”，朝鲜语基本倾向于用“속”。如下表：

表14　状态形容词与方位词的选择

朝鲜语样例	안	속	汉语样例	里	中
고독	0例 0%	10例 100%	孤独	3例 3.3%	88例 96.7%
추위	0例 0%	15例 100%	寒冷	5例 9.8%	46例 90.2%
가난	0例 0%	7例 100%	贫穷	1例 5.9%	16例 94.1%
고요	0例 0%	11例 100%	宁静	8例 18.2%	36例 81.8%
고통	0例 0%	28例 100%	痛苦	17例 4.4%	366例 95.6%

当空间实体具有模糊、无界、非离散等特征，朝鲜语倾向于用“속”，汉语则常用“中”。(参看2.2.3) 而“状态”也有模糊、无界、非离散等特征，因此表达状态概念时朝鲜语和汉语同样遵循了这种倾向。

第四节　“在$_2$”和“에”的隐喻拓展

如果图22是“에”的核心意义，那么可以看出这种图式适用于处所以外的各种情况。即图中的X和Y不仅可以适用于具体的对象或处所，还可以扩大到抽象概念的表达上。如：

(103) a. 그는 봉투에 스티커를 붙이고 있다.
(他正在把贴纸粘在信封上。)
b. 그는 문학에 취미를 붙이고 있다.
(他最近对文学感兴趣。)

例(103)中的信封和贴纸都指具体事物，文学和兴趣是非具体事物，表示对象。例(103)a、b两句中的“봉투(信封)”和“문학(文学)”二者识解为参照物Y，“스티커(贴纸)”、“취미(兴趣)”识解为向参照物位移的主体X，或识解为主体X“스티커(贴纸)”、“취미(兴趣)”处于参照物Y“봉투(信封)”和“문학(文学)”中。反映具体事物与抽象概念的共同识解方式的例子很多，再如：

(104) a. 편지를 서랍에 두고 있다.
(他把信放在抽屉里了。)
b. 그 일을 가슴에 두고 있다.
(把那件事放在心上。)

有时X和Y两者中，一个指抽象，另一个指具体。如：

(105) a. 비타민C는 건강에 좋다.
(维生素C有益于健康。)
b. 이 책은 연구에 도움이 된다.
(这本书有助于研究。)

例(105)中的X是具体事物，Y是抽象概念“对象”。

“对象”指行动或思考时作为目标的人或事物。“对象”可识解为行

动或思考时的参照物Y，与空间位移终点一致。例(104)b、(105)b中朝鲜语“에”都表示对象，而汉语“在”不能用于介引对象，而介词“在”在古汉语中是可以介引对象的。(张赪 2002，马贝加 2003) 下例中的“在”表示关涉对象，义接近“对于”。

(106) a. 我在伯父，犹衣服之有冠冕。(《左传・昭公9年》)
　　b. 越之在吴，犹人之有腹心之疾也。(《国语・吴语》)
　　c. 韩之在我，心腹之疾。(《战国策・赵策》)

现代汉语对象概念，主要由介词“于”和“对”介引。

(107) a. *维生素C<u>在健康</u>有益。
　　b. 维生素C有益<u>于健康</u>。
(108) a. *这本书<u>在这项研究</u>有帮助。
　　b. 这本书<u>对这项研究</u>有帮助。

除上述情况外，格助词“에”与先行成分组合表示手段、方法、标准、原因、比率等概念。

下例中的“에”与先行成分组合表示原因。

(109) a. 백성들은 <u>굶주림에</u> 허덕이고 있다.
　　(老百姓在饥饿中挣扎。)
　　b. 삼촌은 <u>술에</u> 취해 있다.
　　(叔叔喝醉了。)
　　c. 아이가 선생님의 <u>꾸지람에</u> 울고 있다.
　　(孩子被老师批评，在哭。)

如果格助词“에”中有原因、条件等具体含义，那么在以下表达方式中也应该体现其含义。

(110) X가 Y에 V있다.

如果不确定X、Y、V的性质，就无从推断“에”的意义。我们之所以能判断例(109)中的“에”表示原因，是“에”的核心意义(X与Y之间的静态关系)加上句中出现的实词意义预测而来的。

重要的是，和“에”共现的“굶주림(饥饿)”、“술(酒)”、“꾸지람(批评)”都被概念化为静态的抽象概念。上文指出“에”与处所成分组合表达的基本意义，即“Y에”的Y是静态处所，主体X以参照物Y为目标移动，因此例(109)a可理解为主体X“백성(老百姓)”挣扎是因为进入Y“굶주림(饥饿)”的状态中所致。例(109)b、c亦如此。

两个实体中哪个为静态背景、哪个为动态主体，并不只取决于物体大小。根据情况，较小的实体也可识解为静态的背景Y。如：

(111) a. 언니는 <u>바늘에</u> 찔렸다.
(姐姐被针扎了。)
b. 온 마을이 <u>홍수에</u> 잠겼다.
(整个村子被洪水淹没了。)

例(111)a中小小的针为参照物Y，人是位移的主体X。例(111)b中将洪水视作静态背景Y，村子视作主体X。例(111)a的情景可识解为，针固定在某处，人在移动的过程中被扎到。针之所以被识解为

固定的静态的背景，是格助词“에”的核心意义所赋予的。

(112) a. 언니는 바늘에 찔렸다.
(姐姐被针扎了。)
b. 바늘이 언니를 찔렀다.
(针扎到了姐姐。)

例(112)的语义角色虽没有发生变化，但是两个句子的意象(image)却不相同。

汉语“在”则不能用来介引原因成分。

朝鲜语格助词“에”，还可以与数量成分组合表示比率。如：

(113) a. 부모님께서는 일 년에 한 번씩 건강 검진을 받으신다.
(父母每年会定期去医院体检一次。)
b. 인구 밀도는 1평방 마일에 100명이다.
(人口密度为每平方英里一百人。)

比率是指两个数相比所得的值，即前项除以后项所得的商(《现代汉语词典》)，其中两个数或项之间必有相对固定的数或项。“에”本身不具有比率义，但“에”可以与数量成分组合表示固定的基准。例(113)a“에”表达以“일 년(一年)”为基准，即静态背景Y，与主体X“한 번(一次)”发生关联，例(113)b亦如此。这种比率关系用图式表达，与存在动词V“있다”所示的图式一致。

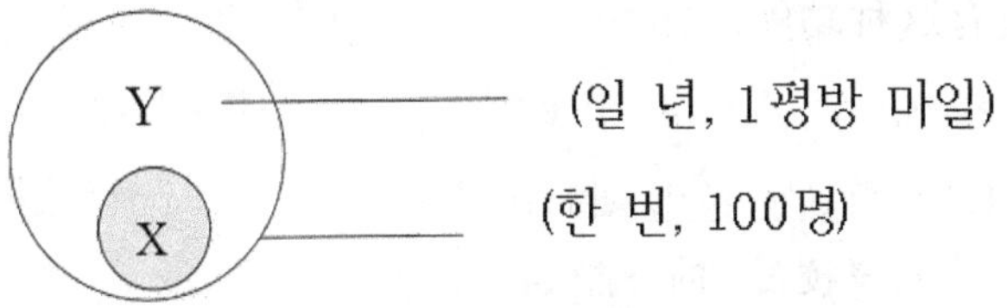

图33

第五节　“在$_1$”和“에서”的隐喻拓展

“在+L”结构既可以表达容器图式又可以表达路径图式，它只能通过前置和后置这样一个语序来表达。朝鲜语作为SOV型语言，只能前置，因此用不同的格标记来表达不同的图式或不同的场景。

朝鲜语格助词“에시”和汉语“在$_1$”同样可隐喻拓展用于表达抽象概念。如：

（114）a. 우리는 공항에서 만났다.

b. 我们在机场相遇。

（115）a. 우리는 꿈에서 만났다.

b. 我们在梦中相遇。

例（114）、（115）虽然一个指空间处所，一个指虚拟空间，但二者在人的头脑当中形成的图式却是一样的，将“공항/机场”、“꿈/梦”同样视作“相遇”这一动作发生的有边界的处所。

朝鲜语格助词“에서”与处所兼机构名词组合起到主语的作用，汉语“在”却没有这种功能。如：

(116) a. 학교에서(가) 발표한 공지

b. 学校发布的公告

c. *在学校发布的公告

(117) a. 나라에서(가) 이 법을 정했다.

b. 国家制定了该法律。

c. *在国家制定了该法律。

(118) a. 회사에서(가) 이 비용을 부담한다.

b. 公司承担这笔费用。

c. *在公司承担这笔费用。

这类名词后的“에서”，都可用主格助词“가/이”替换。

主语一般由动作的施事或主体充当，上例中处所成分Y，即背景作为动作发出的主体，主要是“转喻”机制起作用的结果。

转喻是用一个认知域的显著属性激活整个认知域，或者用一个认知域来激活其中一个属性的认知方式。转喻主要具有一种指代功能，即它允许我们用一种实体代替另一实体，同时它也具有理解功能。(Lakoff&Johnson 2003)⑥

容器转喻包括容器代表容物、容物代表容器两种类型。一般容器比容物显著，因为容器可视，容物不可视，所以容器转喻容物的现象较普遍。例(116)~(118)中的“학교(学校)”、“나라(国家)”、“회사(公司)”与“에서”组合，原指发布公告、制定法律、承担费用的处所，但通过“转喻”指代学校里发布公告的人、国家里制定相关法律的

⑥ 李福印．认知语言学概论，北京：北京大学出版社，2008：146.

人、公司中承担费用的法人等主体。

汉语处所成分指代人或主体，可直接通过光感形式或加上方位词“里”等实现转喻。如：

(119) a.今晚在村里举办表扬大会。
b.今晚村里举办表扬大会。

例(119)a中的“在村里”是举办表扬大会的处所，而例(119)b中的“村里”并不一定是举办表扬大会的处所，它可能指筹备表扬大会的行为主体。

上文(2.6.1.4)谈到，“에서”可根据句中出现的动词的语义特征，与处所成分组合表起点。这种关系进一步隐喻投射到抽象概念表达上，如：

(120) a. 영희가 죽음에서 살아났다.
(英姬从死亡中逃脱出来。)
b. 영희가 잠에서 깨어났다.
(英姬睡醒了。)
c. 영희가 위기에서 벗어났다.
(英姬摆脱了危机。)

动词“살아나다(逃脱)、깨어나다(醒)、벗어나다(摆脱)”等意味着主语“영희(英姬)”的状态从起点“죽음(死亡)、잠(睡眠)、위기(危机)”位移到“삶(活)、현실(现实)、안전(安全)”的状态。

(121) a. 영희가 8시에서 10시까지 텔레비전을 봤다.

(英姬从8点到10点看电视。)

b. 비가 3월에서 5월 사이에 제일 많이 온다.

(雨在三月到五月间下得最大。)

(122) a. *영희가 오전에서 오후까지 텔레비전을 봤다.

b. *비가 봄에서 여름 사이에 제일 많이 온다.

"에서"还可以与时间词组合表示时间起点,这种表达仅限于"에서"的前附成分为数字时间词时,如例(121)~(122)所示。

第六节 "从"和"-부터"

一、时间

1. 正如空间有起点,时间线条上也有起点。人们认为时间是有顺序的。朝鲜语表示空间起点概念的限定助词"-부터"和汉语介词"从"都能隐喻投射到时间概念域。如:

(123) a. 이제부터 우리 그러지 맙시다.

b. 从现在起我们不要再这样了。

(124) a. 21세기는 서기 2001년부터 시작된다.

b. 21世纪从公元2001年开始。

例(123)、(124)中的"이제/现在"、"서기 2001년/公元2001年"表示动作或状态开始的时间起点,与空间的起点有极大的相似性。

汉、朝起点概念标记都只能修饰时点成分,不能修饰时段成分,这与它们在源域中只能修饰起点成分是一致的。如：

(125) a. *그는 헬스장부터 운동한다.
b. *他从健身房起运动。
a. *동생은 주방부터 요리한다.
b. *妹妹从厨房开始做饭。

(126) a. *7개월부터 논문을 쓴다.
b. *从7个月起写论文。
a. *나는 닷새부터 물건을 판매한다.
b. *我从五天开始卖东西。

虽然例(125)表示空间处所，例(126)表示时间，但它们在人的认知系统中形成的图式是一样的。例(125)中的"헬스장/健身房、주방/厨房"是活动进行的处所，不能视作"点"。时段用来回答多长时间，与回答什么时候的时点不同，形成的图式应是有里有外的容器图式。因此二者都排斥起点概念标记"-부터"和"从"，因为"点"无所谓有里有外。

再看下例：

(127) a. *우리는 입학부터 알고 있는 사이다.
b. ？我们从入学就认识了。

(128) a. *그는 결혼부터 회사를 그만뒀다.
b. *他从结婚开始就不上班了。

上例"입학/入学"、"결혼/结婚"表示"事件"，不能直接用来表示时间，通常需要借助"……的时候、前、后、以来、从……到……"等时

间构建的辅助下才可以表示时间，这类时间称为“代体时间”。(李向农 1997) 表示“事件”的词，其起讫点模糊，因此需要借助“전/前、후/后”等词语来赋予其明确的界限。如：

(129) a. 우리는 입학 전부터 알고 있는 사이다.

b. 我们从入学前就认识了。

(130) a. 그는 결혼 후부터 회사를 그만뒀다.

b. 他从结婚以后开始不上班了。

除此之外，汉语介词“从”与时点成分组合表示时间起点时，须与“开始”、“起”、“就”等词语组合使用。而朝鲜语限定助词“-부터”则不受限。如：

(131) a. 从7月2日开始，深圳市率先将指纹自动识别技术运用于社会保险。(《人民日报》，2000)

b. *从7月2日，深圳市率先将指纹自动识别技术运用于社会保险。

c. 심천시는 7월 2일부터 지문 자동인식 기술을 사회보험에 처음 적용했다.

(132) a. 从3月17日起的两个月里，上海的小朋友可以看到1 000场左右的儿童剧。

b. *从3月17日的两个月里，上海的小朋友可以看到1 000场左右的儿童剧。

c. 3월 17일부터 두 달간 상해 어린이들은 1,000회 정도의 아동극을 볼 수 있다.

汉语的“从……到……”指明起讫两点；“从……开始/起……”指

出行为延续至今；“从……以后……”不表明行为还在延续，而突出行为开始的时间；“从……以来……”表示某一时间到说话时的一段时间；“从……就/便……”表示早已发生或已经具备、已经存在。这些形式的作用在于使时间得以“区域化”。

（133）a. 从1987年至今，他们每年拨出的广告费不下30万元。（《福建日报》，1994）

b. 从1996年在强制戒毒所成功戒毒以后，小赵已经将近4年没有沾过毒品了。（《人民日报》，2000）

c. 画展展出了他从20世纪90年代以来创作的100多件作品。（《文汇报》，2003）

2. 上文所述，汉、朝起点概念标记词与时点形式组合后可以表示时间的起点，但并非所有情况下都是如此。如：

（134）a. *그는 오전부터 넘어졌다.

b. *他从上午开始摔倒了。

（135）a. *우리는 2004년부터 결혼했다.

b. *我们从2004年开始结的婚。

（136）a. *노트북은 고장나서 작년부터 버렸다.

b. *笔记本电脑坏了，从去年开始就扔了。

例(134)～(136)中的“넘어지다/摔倒”、“결혼하다/结婚”、“버리다/扔”等动词具有[-持续]的特征。我们一般将“넘어지다/摔倒”类动词认知为起讫点是重叠、瞬间类动词。在空间域中起点标记词“-부터/从”所受的限制是一样的，因为[-持续]就是[-移动]、[+静止]，[-移

动]、[+静止]就无从谈起起点或终点。

二、依据、凭借

依据或凭借是把某种事物作为论断的前提或基础。这种前提或基础可理解为作出论断的起点。如：

(137) a. 웃음소리로부터 그녀인 줄 알았다.

b. 从笑声就能听出是她。

(138) a. 스코어로부터 상대방의 실력을 알 수 있다.

b. 从比分就能看出对方的实力。

(139) a. 얼굴로부터 연령을 판단하는 것은 때론 준확하지 않다.

b. 从长相推断年龄有时不准。

例(137)~(139)中的"웃음소리/笑声"、"스코어/比分"、"얼굴/长相"都表示结论产生的依据或凭借。如图所示：

图34

图34直观地说明了空间起点与"依据、凭借"之间有内在的关联。"웃음소리/笑声"是说话人通过听觉推断出"그녀/她"的抽象起点。其中不容忽视的环节是箭头部分，箭头表示移动过程，因为没有移动就

无从谈起起点。朝鲜语“-부터”须与方向格标记“-(으)로”组合才可以表达依据或凭借。如：

（140） * 웃음소리부터 그녀인 줄 알았다.

（141） * 스코어부터 상대방의 실력을 알 수 있다.

（142） * 얼굴부터 연령을 판단하는 것은 때론 준확하지 않다.

三、原因

原因是引发某种结果的“起点”。朝鲜语“-부터”与方向格标记“-(으)로”组合表示原因。汉语介词“从”则不能引介原因，通常用介词“由”来表达。例如：

（143） a. 부주의로부터 생긴 착오.(《고려대 한중사전》)

b. 由粗心大意造成的错误。

（144） a. 정전기는 마찰로부터 생기는 현상이다.(《고려대 한중사전》)

b. 静电是由摩擦产生的现象。

一般情况下，“由”在介引原因时与其共现的谓词是“引起、发生、造成、产生、导致、所致”类动词。“-(으)로부터”在表示原因时也受类似于汉语的限制，即与“일어나다、생기다”等[+起点]类动词结合，否则句子很难成立，如：

（145） a. * 병으로부터 휴학한 학생들은 어떠합니까?

b. * 由病休学的同学怎么办？

（146） a. * 충돌로부터 차체가 많이 부서졌다.

b. *由碰撞，车体碎裂了很多。

四、材料

"材料"是指可以直接造成成品的东西(《现代汉语词典》)，它是"成品"的基础。"材料"与空间"起点"概念构成同样的意象图式。

(147) a. 곡식으로부터 술이 만들어진다.

b. 酒是由(*从)粮食酿成。

(148) a. 오렌지와 설탕으로부터 이 잼이 만들어졌다.

b. 这种果酱是由(*从)橙子和砂糖做成的。

再看下例：

(149) a. *물은 수소와 산소로(로부터) 구성되었다.

b. 水是由氢元素和氧元素构成的。

(150) a. *연골은 연골세포와 많은 세포간 기질로(로부터) 구성된다.

b. 软骨由软骨细胞和许多细胞间物质构成。

例(147)、(148)与例(149)、(150)的差异主要在于前者表示"材料"后者表示"成分"。材料指"可以直接造成成品的东西"；成分指"构成事物的各种不同的物质或因素"。(《现代汉语词典》)不难发现，"材料"是通过加工，即通过一定的过程而造成成品的一种基础，而"成分"则不需要这种过程。没有过程就没有起点，所以表示起点概念的"-(으)로부터"自然不能修饰"成分"这样的[-过程]类概念。二者的区别可图示如下：

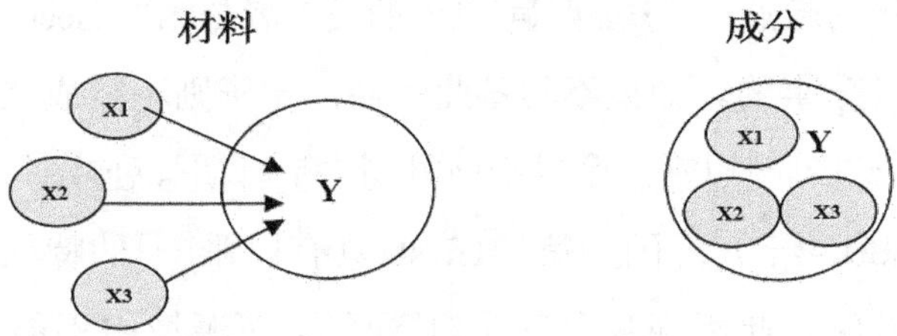

图35

五、顺序

顺序是指事物在空间或时间上排列的先后。顺序的先后即为起点和讫点。顺序中的第一(first)事物与空间的起点之间可以构成同样的意象图式。如：

(151) a. 북경부터 하문, 넝화로 이어지는 수천km의 긴 여정과 요동치는 산길로 인하여 생긴 피로가 이 붉은 땅에서 한순간에 사라진 것 같다.

b. 似乎从北京到厦门再到宁化，数千公里的长途跋涉和山路的颠簸带来的疲倦，都在这片红土地上瞬间消失了。

(152) a. 영희부터 발표하고 나머지 사람들은 다음 시간에 발표하세요.

b. 从英姬开始发表，其余的人下次再发表吧。

例(151)中的"-부터"和"从"表示空间起点，例(152)中的"-부터"和"从"表示顺序的起点，二者都同时暗示未出现的第二(second)、第三(third)……第n事物。如例(151)中"북경/北京"是空间起点，"하문/

厦门”、“녕화/宁化”是第二(second)、第三(third)。例(152)中“영희/英姬”是顺序的起点，“영희/英姬”以外的发表者是第二(second)、第三(third)……第n事物。如果不具备此条件，句子则不能成立。例如我们不会说“단거리 달리기는 우리 반에서 영수부터 일등한다.(短跑在我们班里从英洙拿第一)”，因为第一(first)具有[+唯一]的特征，限制其他选项的出现。此类现象与“-부터”和“从”在源域中不能修饰[-移动]、[-持续]类现象平行。介词“从”一般不能表示“顺序”的起点。汉语用“先VP……(后VP)”结构来表达顺序概念。如：

(153) a. 밥부터 먹자.
b. *从饭开始吃。
c. 先吃饭吧。

(154) a. 다이어트를 하려거든 운동부터 해라.
b. *要减肥从运动做。
c. 要减肥先做运动。

第七节 “到”和“-까지”

一、时间

如前所述，人类没有感知时间的能力，但可以感知它的持续性。即，把一维的时间构拟成一根单向延伸的线条(李向农 1997)。不仅物理性的空间位移有起点和终点，非物理性位移，诸如时间等概念亦有起讫点，因此人们赋予时间起点、终点等概念。如：

(155) a. 그는 식당까지 걸어왔다.

b. 他走到饭店……

(156) a. 나는 그녀를 집까지 바래다 주었다.

b. 我送她到家……

(157) a. 그는 회사까지 쫓아왔다.

b. 他追到公司里了。

(158) a. 저는 오후 6시까지 근무합니다.

b. 我工作到下午6点。

(159) a. 동생은 매일 늦은 밤까지 공부를 한다.

b. 弟弟每天学习到深夜。

(160) a. 그는 죽는 순간까지 입을 열지 않았다.

b. 他直到临死的那一刻也没开口。

例(155)～(157)中的"식당/食堂"、"집/家"、"회사/公司"表示动作持续到的空间终点位置，例(158)～(160)中的"오후 6시/下午6点"、"늦은 밤/深夜"、"죽는 순간/临死的那一刻"表示时间的终点位置。无论是空间的终点还是时间的终点，二者的意象图式是一致的：

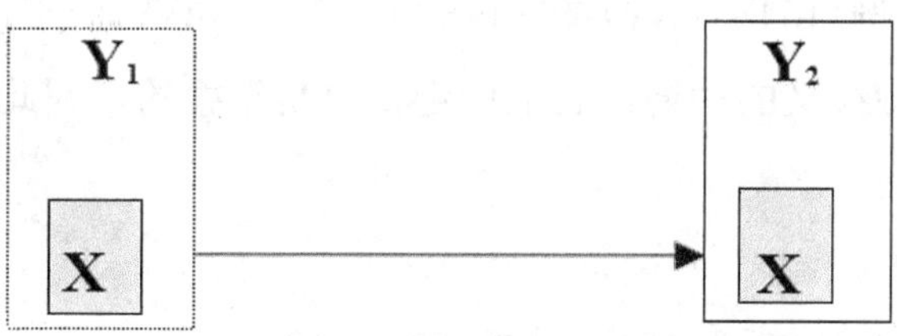

图36

我们把图36中的Y_1、Y_2既可以看作是两个地点，也可以看作是

时点，其中Y_1为起点(可以省略)，Y_2为终点。但是“Y까지”和“到Y”在表示时间时，不一定成立。

1. “Y까지”和“到Y”表示时间时并非总能成立。如：

(161) a. 나는 새벽 3시까지 잤다.
b. 我睡到凌晨3点。
(162) a. 나는 어젯밤 12시까지 TV를 보았다.
b. 我昨晚看电视看到12点。
(163) a. 나는 영수를 날 샐 때까지 기다렸다.
b. 我等英洙等到天亮。
(164) a. *나는 오후 2시까지 깼다.
b. *我醒到下午2点。
(165) a. *그는 어제까지 입학했다.
b. *他入学到昨天。
(166) a. *동생은 작년까지 결혼했다.
b. *弟弟结婚到去年。

例(161)~(163)的“자다/睡”、“보다/看”、“기다리다/等”等动词有持续性，而例(164)~(166)的“깨다/醒”、“입학하다/入学”、“결혼하다/结婚”是非持续义的动词，它们的起讫点是重叠的，因此不能受“-까지/到”的修饰。

(167) a. 영수는 10시 전까지 여기에 있었다.
b. *영수는 10시 후까지 여기에 있었다.
(168) a. 그는 귀국 전까지 공부를 했다.
b. *그는 귀국 후까지 공부를 했다.
(169) a. 그는 결혼 전까지 회사를 다녔다.

b. *그는 결혼 후까지 회사를 다녔다.

例(167)~(169)的a和b之间的差异在于"전"和"후"，即"까지"可以和"전"结合，但一般情况下不能和"후"结合，因为我们知道"10시 전"、"귀국 전"、"결혼 전"的讫点是"10시"、"귀국"和"결혼"，所以可以和表示讫点的成分"까지"结合，而"10시 후"、"귀국 후"、"결혼 후"的讫点是模糊的，所以不能和"까지"结合。

2. 格助词"에"可以表示时间，有时也可以表示时间的讫点。

(170) a. 숙제는 10일에 반드시 제출하시오.
b. 숙제는 10일까지 반드시 제출하시오.
(171) a. 그 가게는 11시에 문을 연다.
b. 그 가게는 11시까지 문을 연다.
(172) a. 그는 올해에 금메달을 땄다.
b. 그는 올해까지 금메달을 땄다.

例(170)的"에"和"까지"二者都表示"10일"这一时间终点，但二者表示的时间位置不同。例(170)a中的"10일"是固定的时间位置，即"제출하다"这一行为只能在"10일"进行。例(170)b中的"10일"是时间区域中的终点位置，"제출하다"这一行为从发话时到"10일"这一时间区域中的某一时点内进行即可。二者的区别可图示如下：

(170)a

(170)b

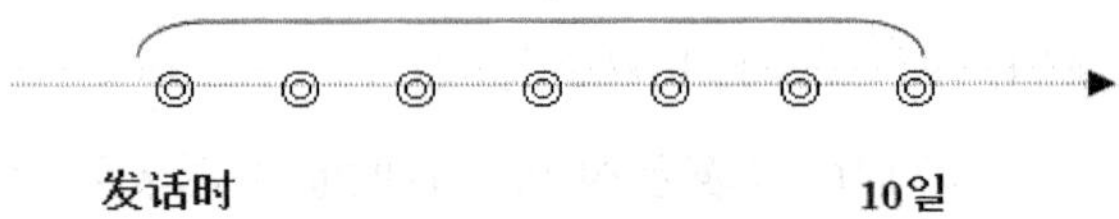

图37

而例(171)的两个句子意思则完全不同，例(171)a表示"那个店从11点开始营业"，例(172)b则表示"那个店营业到11点"，因此两个句子的意思正好相反。例(172)a表示"他今年拿了金牌"，例(172)b表示"他今年为止拿了金牌"。例(172)a没有时间的起点，因此例(172)a的"에"也不能表示讫点。综上所述，助词"에"根据情况，可以表示时间的讫点，但更多的时候表示动作发生的时间点。

二、程度之极限

"까지"和"到"都可以介引程度。

(173) a. 눈이 멀 때까지 울어도 그의 마음을 움직일 수 없다.

b. 哭到眼睛瞎，也休想让他动心。

(174) a. 머리가 흴 때까지 있어 봐야 부장이 되겠는지.

b. 熬到头发白，也未必当得上部长。

例(173)、(174)的“까지”和“到”都表示程度的极限。例(173)中的“울다/哭”行为程度达到了“눈이 멀 때까지/到眼睛瞎”，例(174)的“있다/熬”行为程度也达到了“머리가 흴 때까지/到头发白”，这种信息是通过“까지”和“到”来实现的。

程度指事物变化达到的状况。(《现代汉语词典》)这里的“事物变化”隐含的信息是时间的流逝，“达到的状况”是变化后的标准，我们暂且把这个标准分为“轻、稍轻、稍重、重”四个阶段。这种关系可用下图来表示：

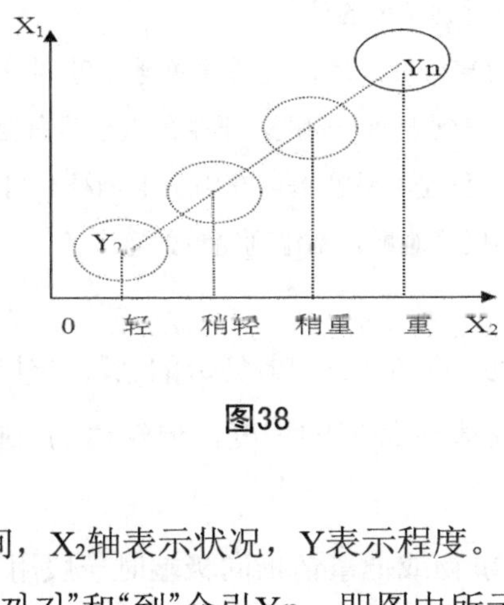

图38

X_1轴表示时间，X_2轴表示状况，Y表示程度。

就图38来说“까지”和“到”介引Yn，即图中所示的实线圈Yn表示程度之极限。

(175) a. *눈물이 조금 날 때까지 울어도 그의 마음을 움직일 수 없다.

b. *哭到流一两滴眼泪，也休想让他动心。

(176) a. *머리가 약간 흴 때까지 있어 봐야 부장이 되겠는지.

b. *熬到头发稍微发白，也未必当得上部长。

例(175)的"눈물이 조금 날 때/流一两滴眼泪"和例(176)的"머리가 약간 흴 때/头发稍微发白"所居的位置是Y_1或Y_2的位置，还未达到极限，与例(173)的"눈이 멀 때/眼睛瞎"、例(174)的"머리가 흴 때/头发白"相比其程度较轻，因此与"까지/到"共现时会受限制。

"까지"的程度之极限不仅表示最高的程度，也可以表示最低的程度，即两个极端。这一点和"到"有区别，出现不对等的情况。

(177) a. 부모의 말까지 듣지 않는다.

b. *不听到父母的话。

(178) a. 선생님까지 모르는 문제를 학생이 알 리가 없다.

b. *不懂到老师的问题，学生怎么会明白呢。

(179) a. 어려운 문제뿐만 아니라 쉬운 문제까지 다 틀렸다.

b. *不仅是难题，都错到简单的题了。

例(177)～(179)的"부모의 말/父母的话"、"선생님/老师"、"쉬운 문제/简单的题"都是表示最低的程度，但汉语的"到"很难表达出这种极限。

汉语举出极端事物或把事情推向极端时一般用"连"字句来表达，"连"可以介引行为主体或受事主体。如：

(178) 连父母的话都不听。

(179) 连老师都不懂的问题，学生怎么会明白呢。

(180) 不仅是难题，连简单的题都错了。

汉语的“连……都/也”结构表示程度之极限，其语言信息的实现一般分为以下几步(崔希亮 2001)：

第一步：基本信息
“有人(S)不听父母的话。”
第二步：附带信息
“(S)不听父母的话有些不寻常。”
第三步：隐含信息
“在说话人看来，‘父母的话’和其他人的话相比起来是最不该不听的。”
第四步：推断信息
“(S)更不听其他人的话。”

以上四重语言信息构成了一个表达的整体，这里值得注意的是第三步：隐含信息。“连Y都/也”的“Y”是最低的程度。上述推断同样适用于“까지”。

(181) a. ? 철수는 이웃집 아저씨 말까지 듣지 않는다.
b. ? 哲洙连邻居家大伯的话都不听。
(182) a. ? 동생까지 모르는 문제를 우리는 알 리가 없다.
b. ? 连弟弟都不懂的问题，我们怎么会明白呢。
(183) a. ? 쉬운 문제뿐만 아니라 어려운 문제까지 다 틀렸다.
b. ? 不仅是简单的题，连难题都错了。

例(181)～(183)的“이웃집 아저씨/邻居家大伯”、“동생/弟弟”、“어려운 문제/难题”都不是最低的程度，因此可接受度差。

再看下面的例句：

(184) a. 我连想都没想到会发生这种事。
b. *나는 이런 일이 생길 줄 생각까지 못했다.
c. 나는 이런 일이 생길 줄 생각조차 못했다.

(185) a. 过去我们家连粥都喝不上。
b. *전에 우리 집은 죽까지 못 먹었다.
c. 전에 우리 집은 죽조차 못 먹었다.

(186) a. 他连小学都没能毕业。
b. *그는 초등학교까지 졸업하지 못했다.
c. 그는 초등학교조차 졸업하지 못했다.

"Y까지"中的极限达到词——Y与说话人自身的期待或预测无关。而与它构成同义的限定助词"조차"要求Y是说话人不期待或没有预测到的事物或事件。(성광수 1977) 如例(184)中的"생각……못하다/没有想到"是说话人没有预测到的，因此只能用"조차"来表达。例(185)中的"죽……못 먹다/喝不上粥"是说话人不期待的事情，例(186)中的"초등학교……졸업하지 못하다/小学没毕业"是说话人没有预测到的事情。因此都只能用"조차"来表示。

(187) a. *이런 일이 생길 줄 생각조차 했다.
b. ? 이런 일이 생길 줄 생각까지 했다.
c. ? 连想都想到会发生这种事。

(188) a. *옛날에 우리 집은 죽조차 먹었다.
b. ? 옛날에 우리 집은 죽까지 먹었다.
c. ? 过去我们家连粥都喝得上。

(189) a. *그는 초등학교조차 졸업했다.

b. ? 그는 초등학교까지 졸업했다.

c. ? 他连小学都毕业了。

正因为"조차"有[-预测]、[-期待]的特征，因此例(187)～(189)不能成立。如，"생각……하다/想到"、"죽……먹다/喝得上粥"、"초등학교……졸업하다/小学毕业"都无从谈起说话人的期待或预测，因此可以说例(187)～(189)中的a是完全不成立的。如前所述，"까지"不要求说话人自身的预测或期待，据此例(187)～(189)的b句应该是勉强成立的，但是"생각……하다/想到"、"죽……먹다/喝得上粥"、"초등학교……졸업하다/小学毕业"都违背了"程度之极限"这一条件。汉语例(187)～(189)的c同样违背了"程度之极限"这一最基本的条件，因此也不能成立。

第八节 "朝/向/往"和"-(으)로"

一、时间

如前所述，空间物体的移动始终伴随着时间的流逝，而时间又是一维的、线性持续性的抽象物，因此空间的位移轨迹(方向)在人脑中形成的意象图式成了人们认知时间流向的心理基础。朝鲜语方向格助词"로/으로"可以修饰时间成分，表达时间向某一指向点(时点)移动。

(190) a. 나는 광화문으로 발길을 돌렸다.(《표준국어대사전》)

(我决定去光化门。)

b. 여행시간을 내일로 미룹시다.

(把旅行时间推迟到明天吧。)

(191) a. 우리 올여름엔 지리산으로 캠핑을 떠나자.(《고려대 한국어대사전》)

(我们今年夏天去智异山露营吧。)

b. 모임 날짜를 이달 중순으로 정했다.(《표준국어대사전》)

(聚会的日期定在了本月中旬。)

例(190)a的“광화문”、例(191)a的“지리산”是行为主体“나”、“우리”位移的指向点，例(190)b的“내일”和例(191)b的“이달 중순”是时间主体“여행시간、모임 날짜”流向的指向点。请看图39：

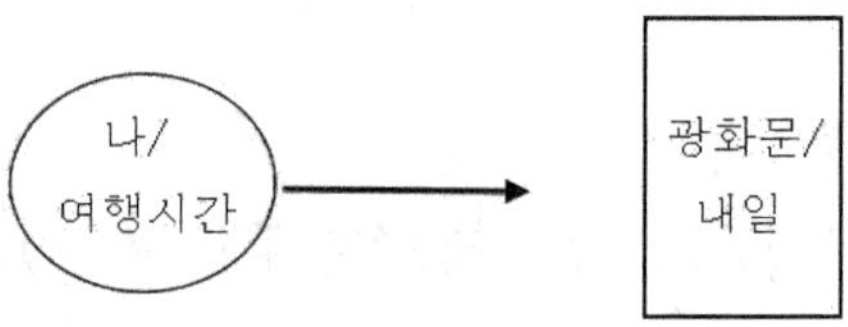

图39

汉语方向介词除了一些抽象时间以外不能介引其他具体时间成分。

(192) 把建设有中国特色社会主义事业全面推向二十一世纪！

(193) 向美好的明天呼唤！

(194) *飞机起飞时间，因天气变化向/往/朝下午3点延迟了。

(195) *今天的课推向/往/朝明天上午吧。

例(192)的"二十一世纪"、例(193)的"明天"都是抽象的时间，因此可以介引，但例(194)的"下午3点"、例(195)的"明天上午"都是具体时间所以不能介引，而且句中的动词限为"지연하다/延迟"、"미루다/推"、"연장하다/延长"等[+持续]类动词。

方向格助词"-(으)로"可以与[-持续]类动词共现，从而表示时间的终点，汉语则用"在"来介引。

(196) a. 가게 개업 날짜는 6월 5일로 정합시다.
　　b. 店铺开业日期定在6月5日吧。
(197) a. 회의 시간은 다음 주로 변경합시다.
　　b. 会议时间改在下周吧。

例(196)a、(197)a中的"-(으)로"替换成"에"之后句子也能成立，但所要表达的意思则完全不同。

(198) a. 가게 개업 날짜는 6월 5일에 정합시다.
　　b. 于6月5日决定店铺开业日期。
(199) a. 회의 시간은 다음 주에 변경합시다.
　　b. 会议日程在下周变更。

例(196)a表示"店铺开业时间为6月5日"，例(198)a则表示"6月5日那天决定店铺开业日期"；例(197)a表示"会议时间为下周"，例(199)a则表示"下周决定会议时间"。"-(으)로"虽然表示时间的终点，而且与[-持续]类动词组合，使轨迹(方向)呈隐性，但核心意义未变，仍表示时间的指向点，而汉语则用介引位置的介词"在"来引进时间的指向点。这表明不同语言存在认知模式上的差异。隐喻具有普

遍性，但同时也"有理由推论在不同文化的隐喻概念系统中应该存在差异"。(蓝纯 1999)

"方向"是背离起点向终点延伸的，是无界的，而"位置"是非延伸的、无向的、有界的。二者的空间意象图式，决定了它们在喻指时间概念时的异同。例(196)a、(197)a中的Y"6월 5일(6月5日)、다음 주(下周)"都是时间终点，主体(参与者)X"개업 날자(开业日期)、회의 시간(会议时间)"的位置在向时间终点延伸的时间链条上，并不在时间终点的位置，因此朝鲜语可用方向标记"-(으)로"来介引，汉语仍用表示位置的介词"在"。因为汉语突显变更后的时间终点位置，而朝鲜语突显主体(参与者)向变更后的时间位置移动的过程。这种语言表达上的差异反映了各语言在思维方式、认知模式上的差异。汉语和朝鲜语对此类时间概念认知的突显部分的差异可图示如下：

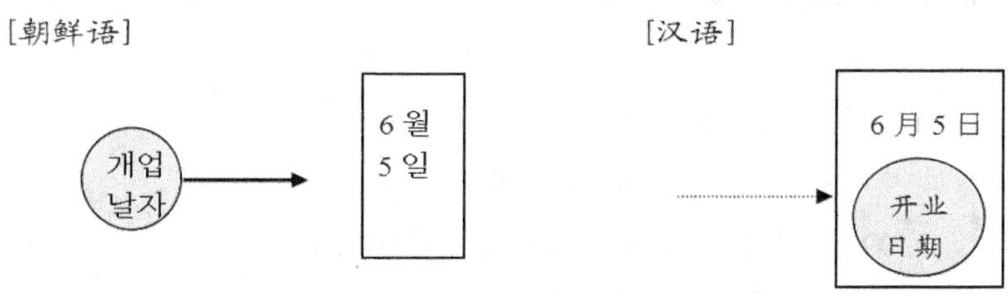

图40

二、对象

方向是物体离开起点以后向终点位移的过程或轨迹。这种物理空间意象图式可以隐喻投射到非物理性空间领域，如汉语可以用方向介词来介引对象，因为动作所涉及到的“对象”和方向的“指向点”，即终点所形成的意象图式是一致的。

（200）a. 船已经向仁川开走了。

b. 他向我求助了。

（201）a. 他向湖中抛石头。

b. 向英雄致敬。

（202）a. 踮着脚向远方看。

b. 向上级汇报工作。

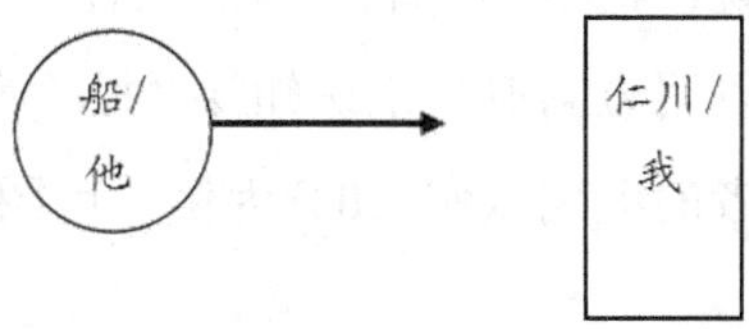

图41

例（200）a的“仁川”、例（201）a的“湖中”、例（202）a的“远方”都是物理空间，但例（200）b的“我”、例（201）b的“英雄”、例（202）b的“上级”都是非物理性空间。汉语的“向”可以修饰非物理性空间名词，而朝鲜语一般不用方向格标记“-（으）로”来表示非物理性空间名词。

（203）a. 哲洙向灾区人民捐献了三百元钱。

b. *철수는 이재민으로 300원을 기부하였다.

c. 철수는 이재민에게 300원을 기부하였다.

（204）a. 按照辛丑条约，清政府要向日本政府赔款。

b. *신축조약에서 청정부가 일본정부로 배상금을 지불해야 한다고 되어 있다.

c. 신축조약에서 청정부가 일본정부에 배상금을 지불해야 한다고 되어 있다.

(205) a. 我向大家宣布一个好消息。

b. *여러분으로 좋은 소식을 전해드리겠습니다.

c. 여러분에게 좋은 소식을 전해드리겠습니다.

例(203)b的“이재민”、例(204)b的“일본정부”、例(205)b的“여러분”是非物理性空间名词，不能和“-(으)로”结合，若要表达相同的意思，朝鲜语只能用格助词“에/에게”。“에/에게”表示行动、状态作用于某一对象，换句话说，把“对象”看作“参照位置”。

可见，汉语可以用方向概念来认知“对象”，而朝鲜语则用参照位置概念来认知。二者的区别以例(203)为例，可图示如下：

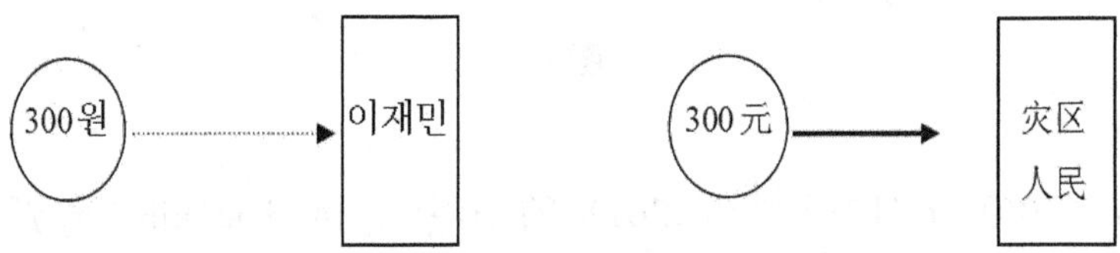

图42

三、变化

事物的变化通常需要过程。变化前的事物与通过变化后形成的事物，可以分别看作是空间的起点和终点，而变化过程则可以认知

为轨迹，即空间的方向。朝鲜语可以用方向格助词“-(으) 로”来表达事物的变化。

(204) 올챙이가 개구리로 변하였다.

(205) 그는 결혼 후에 구두쇠로 변했다.

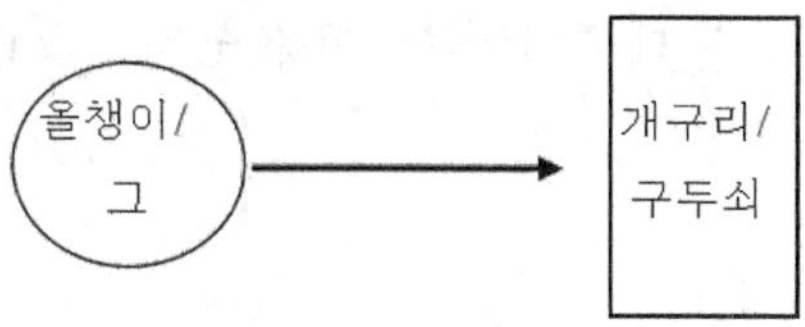

图43

例(204)的“개구리”、例(205)的“구두쇠”是变化后的结果。这种变化既可以是物理性变化，也可以是非物理性变化。变化是有方向性的，因此在朝鲜语中可以用“-(으) 로”来表示。

汉语通常直接用动词“成”或动补结构“V+成/为/作”来表示事物的变化，而不用方向介词来介引。如：

(206) a. 진눈깨비가 비로 변하였다.

b. *雨雪向/往/朝雨变了。

c. 雨雪变成了雨。

(207) a. 영희가 현숙한 처녀로 성장했다.

b. *英姬向/往/朝贤淑的姑娘成长。

c. 英姬成长为贤淑的姑娘。

(208) a. 그렇게 얌전하던 학생이 말썽꾼으로 변했다.

b. *那么文静的学生向/往/朝捣蛋鬼变了。

c. 那么文静的学生变成了捣蛋鬼。

上述例(206)～(208)表示事物的性质变化，除此之外方向格助词"-(으)로"附加在指人名词或表资格、身份的名词后面，表示某人的资格或身份变化。句中的谓语一般由动词"-되다"，比如"승진되다/晋升、선발되다/选拔、당선되다/当选、임명되다/任命、선거되다/选举、추천되다/推荐、추대되다/推举"等来充当。汉语"朝/向/往"无此功能。例如：

(209) a. 그가 시장으로 당선된 이후 도시 경제가 급속한 발전을 가져왔다.

b. 自从他当选为市长以后，城市经济得到了迅速发展。

(210) a. 우리는 철수를 반장 후보로 추대할 만하다고 생각한다.

b. 我们认为可以把哲洙推举为班长候选人。

(211) a. 그는 일반 과원으로부터 국장으로 승진하였다.

b. 他从普通科员晋升为局长了。

第四章　空间标记词的功能游移

人们在语言交际过程中总是倾向于用较少的形式传递较多的信息，这就是我们常说的经济原则或省力原则。毫无疑问，这就涉及到用有限的形式表达无限的事物或现象，而用哪些形式表达哪些意义并非是任意的，是有其动因的，其中重要的认知机制就是隐喻。一个实义词汇虚化为功能标记词的过程，即是跨概念域的映射。此时遵循恒定原则，意象图式保持不变，是一种隐喻现象。

语法化是基于人们的认知能力，它与人的主观性有关，主要是指从实到虚的演变，隐喻主要也是从具体向抽象的映射，因此从认知规律角度来说，两者是有共同点的。本文以人类认知普遍性为前提，充分注意不同民族的认知特点对语言表达的影响，指出在虚化过程中出现的两种语言不同的受限情况，力求给予合理的解释。

第一节　汉、朝体标记“中/중”

Comrie曾列举欧洲和非洲语言中处所表达衍生出进行体的大量实例，以为世界上很多语言的进行体或持续体标记都源自处所词，斯瓦西里语、豪萨语、埃维语等常用方所存在结构来表示进行体意义。(引自张爱玲 2015) 朝鲜语和汉语也不例外。

汉语“中”可用在动词后面表示动作的持续或进行，而且动词前经常出现“在”。关于“在+动词+中”结构中“中”的词性问题，汉语学界内存在分歧。丁声树(1961)将它视作方位词的引申用法，指出“在+动词+中”结构中的“中”在作用上、意义上与方位词“中”并不相同。对此安家驹(1982)持不同的看法，认为既然作用不同、意义又不同，为何还要列入方位词，进而主张动词后面的“中”应视作时态助词。也有学者主张“在+动词+中”结构中“中”为方位词，朱楚红(1996)指出“中”有时虽可替换成“着”，但离不开“在”，持续义由“在”承担，而非“中”，因此“中”仍是方位词。张宜生(2002)也持“方位词”说。但张宜生(2002)主张在一定的句法环境下“中”已进一步虚化为时态助词，并揭示了其虚化机制。朝鲜语学界早在上世纪80年代就开始关注“중”作为体标记的用法。高永根(1982)指出，“중”与“-에 있다”、“-있다”等形式组合，出现在谓语后面，作体标记。通过与体标记“-고 있다”等形式进行比较，他发现“중”作为体标记虽然在语义、句法上比固有形态“-고 있다”等所受限制较多，但毋庸置疑的是朝鲜语“중”确实已向进行体标记虚化。方振宇(2019)、刘伟(2019)也提及“중”和“中”的体标记用法，但对虚化诱因和异同没有进行解释。

我们认为“中”和“중”作为凸显容器图式的显性标记，从方位词虚化为进行体标记并非偶然，其虚化诱因主要在于从空间域投射到时间域的过程当中意象图式的保持不变，即恒定原则在起主导作用。当然，不同类型的语言在虚化程度及适用的句法环境上存在一定的差异。

一、体标记“中/중”的虚化历程

表进行体的形式大多来源于处所成分或处所表达。(Blansitt 1975，Comrie 1976，Traugott 1978，Heine and Reh 1984)这些语法化现象表明，语法形式的产生与演变体现出跨语言的共性，汉语和朝鲜语也不例外。

《说文解字》云：“中，内也。从口、丨，上下通。”甲骨文字形的“中”像旗杆，上下有旌旗和飘带，旗杆正中竖立。“中”本义表示“中间”义，后又由“中央、中间”义引申为“一切之中”，表示“内部”义，它表示的方所经常是“中间”与“内部”交织在一起。董志翘(2010)从历时的角度考察了“中”的语法意义和功能，将表中间义的“中”和表内部义的“中”分别由“$中_1$”和“$中_2$”标记，并指出它们之间的差异：“$中_1$”指线性的两端之间或中间，因此参照项应该是两项；“$中_2$”则指一个封闭的界限内或三维空间的内部，参照项应该是一项。该文指出“$中_2$”由“$中_1$”引申而来，但并没有提及它们之间的关联。

从认知语言学的意象图式(高度概括的认知结构)角度看，“$中_1$”和“$中_2$”都可以构成“容器图式”，即内部结构由“里、外、边界”三个要素构成。不过，在虚化的过程中，有些要素被凸显，有些要素则被淡化罢了。

在上古汉语里“$中_2$”既可修饰封闭类空间名词，也可修饰非封闭类空间名词。如：

(1) a. 田中有株，兔走触株，折颈而死。(《韩非子・五蠹》)

b. 闺中既以邃远兮，哲王又不寤。(《楚辞・离骚》)

c. 射其右，毙于车中。(《左传·成公二年》)

(2) a. 明日，绞人争出，驱楚役徒于山中。(《左传·桓公十二年》)

b. 胸中正，则眸子瞭焉；胸中不正，则眸子眊焉。(《孟子·离娄上》)

c. 丘中有麦，彼留子国。(《诗经·王风·丘中有麻》)

例(1)中"田、闺、车"为边界清晰的名词，例(2)中的"山、胸、丘"为边界模糊的名词。上古汉语中"中"可前置修饰名词，在诗经里出现的此类结构中，以边界模糊的名词为多见，如"中野、中河、中谷、中阿、中林、中心、中泽、中逵"等。可见，上古汉语中"中"所形成的意象图式里"边界"要素已逐渐被淡化，这就可以解释为何现代汉语里方位词"中"经常与非离散实体名词组合。而且"中"比起"里、内"，与抽象名词组合的比例要高很多(参看2.2.3.4)，这是空间概念映射到抽象概念的结果。如"梦"、"生活"、"沉默"等作为抽象概念被识解为边界模糊或无边界的概念，所以领域化或离散化时多用"中"。

"中"与非离散的无界事物的组合特征，为其虚化为进行体标记奠定了认知基础。张宜生(2002：227)指出，方位词"中"由表空间关系发展到表时间关系至迟在汉魏时期就已经完成。在这过程当中隐喻机制只是导致了方位词"中"使用范围的扩大，并没有直接导致时态助词"中"的产生。而我们的问题是，那为何其他同义的"里、内"等方位词没有虚化为进行体标记，再者"中"为何没有虚化为完成体，而虚化了进行体？我们认为，隐喻机制在"中"虚化为进行体标记的过程当中起了至关重要的作用。

据董志翘(2010)考察，"中"在近代汉语中已经有了向时体助词发展的萌芽。如：

（3）a. 而五种妄想，为见思之，异称者正在观行中，互相对垒。（《楞严经圆通疏》）

b. 四人正在说笑中，觉得一阵异香吹入鼻孔中来。（《绿野仙踪》）

世界语言中有95%的语言，表进行体都采取组合形式(periphrastically)。(Dahl 1985) 朝鲜语也不例外，如"-는 중이다"结构，其中"중"是汉源词，是表空间关系的依存名词。구종남(2013) 指出"중"本义指"内里"、"中间"，这种表述比较笼统，因为"중"表示空间或事物内部的情况比较少。我们收集到的语料"중"一共有12 843例，其中表示空间或事物内部的例句仅有47例，与处所成分组合的例句有139例，其中137例都不表示空间内部，而是表示范围。如：

（4）내가 묵은 호텔도 그런 건물 중 하나이다.

（我住的宾馆也是那种建筑中的一个。）

（5）공동묘지 중 55퍼센트가……

（墓地中55%……）

根据语料分析发现，朝鲜语表示空间内部的情况有两种。

第一种情况是"중"与其他单音节汉源语素构成双音节汉字词。如：

（6）산중、옥중、궁중

（山中、狱中、宫中）

第二种情况是，与非离散实体名词组合表达内部义。如：

(7) 그것이 혈액 중에 분비되어 우리의 전신을 순환한다.
(它在血液中分泌，循环于我们的全身。)

(8) 토양 중에 칼슘이 많으면……
(如果土壤中钙含量高……)

亦即，朝鲜语"중"跟汉语基本相同，表空间内部时通常与边界模糊的无界实体组合，为其虚化为进行体标记奠定了认知基础。

"중"属于体词。朝鲜语属于黏着语，体词不能直接出现在句尾（除了口语），形态上需要加终结词尾"이다"。朝鲜语学界普遍认为"-는 중이다"来源于"-는 중에 있다"结构，是该结构中存在动词"있다"被省略的结果。在朝鲜语口语中，存在动词"있다"常省略不说，如对"지금 학교에 있어?"可以回答"응, 학교야."。

"-는 중에 있다"结构完全符合Heine（1993：31）的处所图式"X is at Y（X在Y中）"。因为存在动词"있다"本身就具有状态持续的语义特征，与主语持续存在于某处和主语持续在做某动作，构成同一个图式，为"중"虚化为进行体标记提供理据性。

二、体标记"中/중"表持续义的认知基础

一个词往往有多个义项，在不同的语境中产生不同的意象，词义跨度特别大。如方位词"中"从空间到集合、状态、进行等义项之间似乎没什么关联，但可以围绕一个意象图式加以理解。"中"的原型义是"中间、中心"，这一原型义通过转喻、隐喻等认知模式向其他概念域扩展，围绕原型义形成了一系列边缘义，意义越抽象就越离原型义远，但不管边缘义有多抽象，与原型义有着紧密的联系。

内外概念是以人类共有的身体及物质经验为基础形成，这可以

说明为什么隐喻投射的目标域在相当多语言中大体一致，而同时不能忽视特定社会中形成的视角差异，因此隐喻的具体形式可能因语言而异。

1. 从分布上看，“(在)+动词+中”结构在句中既可以充当状语，又可以充当谓语。

“(在)+动词+中”结构出现在谓语动词前，表示动作发生的参照时间，在一个事件中做“背景”成分。(参看3.3.1.2) 当充当谓语时，事件成分被前景化成焦点成分——“物象”。如：

(9) a. 在统计中劳动生产率是一个重要指标……(CCL语料库)

b. 目前当地政府正在查看灾情，灾害损失也正在统计中。(CCL语料库)

(10) a. 这一条经验也值得我们在建设中经常想到。(CCL语料库)

b. 杭衢铁路复线和金温铁路也在建设中。(CCL语料库)

例(9)a、(10)a中“统计中”、“建设中”作事件发生的“背景”，略去不说句子也能成立。而例(9)b、(10)b中“统计中”、“建设中”作句子的焦点成分，表示动作的持续，不能省略。虽然在句子的末尾充当谓语的“在……中”结构中的“中”与状语成分中的“中”都具有一定的时间性和持续性，但是二者是有区别的。朝鲜语则以“动词+중+(에)”(“중”后带处格形态标记)形式出现在状语位置，“动词+중+이다”、“动词+중+에 있다”(“중”后带存在词)形式充当谓语。

(11) a. 전쟁 중에 두 다리를 잃었다.(NAVER어학사전)

(在战争中失去了双腿。)

b. 두 나라는 전쟁 중이다.

(两国处在战争中。)

(12) a. 공중전화 사용자가 통화 중에 싸우거나……(《좋은생각》, 2000)

(公用电话使用者在通话中发生口角……)

b. 상현은 통화 중이다.(민해연, 《커튼콜》)

(相贤在通话中。)

朝鲜语除了形式上的区别，也有一个做“背景”、一个做“物象”的区别。如：

(13) a. 유리병 속에 담긴 물

(装在玻璃杯里的水)

b. 물이 담겨 있는 유리병

(装有水的玻璃杯)

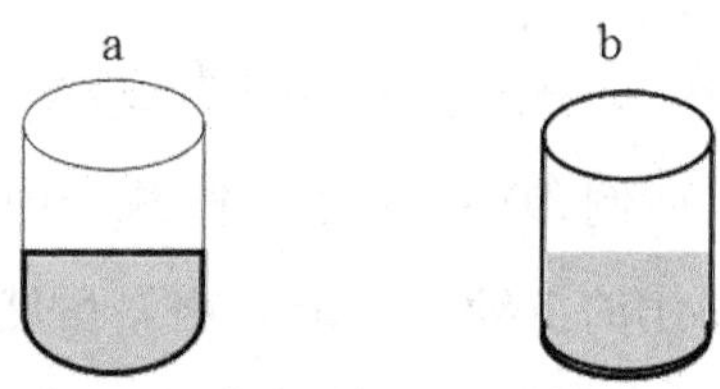

图44

例(13)a中“유리병/玻璃杯”作焦点成分“물/水”所在的“背景”，例(13)b中的“유리병/玻璃杯”则是句子的焦点成分。同样，充当状语的“在+动词+中”、“动词+중+(에)”在事件中作“背景”，在句末充当谓语的“在+动词+中”、“动词+중+이다”/“动词+중+에 있다”在事件中作焦点

成分，即“物象”。

2. 汉语里做事件“背景”的形式和做焦点“物象”的形式相同；朝鲜语里虽然形式不同，但从中可以找到“处所”的影子，即表动作持续的“动词+중+에 있다”中处格标记“에”和存在词“있다”的组合使用，表明状语位置的“动词+중+(에)”与谓语位置的“动词+중+에 있다”并非无关联。比如，换了其他格标记则不成立：

(14) 신제품은 개발 중에(*이/*을) 있다.
(新产品在开发中。)

可以看出，“중에 있다”已固化，相当于一个词，表达抽象的语法意义(持续义)。(고영근 1982)

和朝鲜语一样，汉语里谓语位置中具有“持续义”的“中”通常需要“在”的干预。

(15) a. 据说至今仍在研究中。(CCL语料库)
b. *据说至今仍研究中。
c. 据说至今仍在研究过程中。

(16) a. 建设兵团计划在“八五”期间，建成20个文化中心，现在大部分在建设中。(CCL语料库)
b. *建设兵团计划在“八五”期间，建成20个文化中心，现在大部分建设中。
c. 建设兵团计划在“八五”期间，建成20个文化中心，现在大部分在建设过程中。

(17) a. 目前，事故具体原因还在进一步调查中。(CCL语料库)
b. *目前，事故具体原因还进一步调查中。

c. 目前，事故具体原因还在进一步调查过程中。

上述例中不仅需要“在”的出现，还可以加“过程”一词，这充分表明“在……中”结构表达持续义，与空间概念隐喻机制的运作是密不可分的。朝鲜语也是如此。如：

(18) a. 지금 학교 가는 중이다.
(正在去学校。)
b. 지금 학교 가는 도중이다.
(正在去学校的途中。/正在去学校呢。)

例(18)b“도중(途中)”也带有持续义，但它自身带有明显的空间义——“途中”，因此例(18)b有两种解读。有时“중”可以与“도중”自由替换，这也是一种持续义“중”当中空间性的遗留表现。如：

(19) a. 동생은 한창 공부하는 중이다.
(弟弟在学习呢。)
b. 동생은 한창 공부하는 도중이다.
(弟弟在学习呢。)

(20) a. 이 사건은 아직 조사하는 중이다.
(此事件还在审理中。)
b. 이 사건은 아직 조사하는 도중이다.
(此事件还在审理中。)

汉语“在+动词+中”结构中的“在”，学界对其词性的看法不一致，如有介词说、动词说、时间副词说等不同说法。但我们认为，即便

“在”是时间副词，也可以视为“处在某个时段里”，与空间处所有关联，因为时间概念也来自对空间的认识，就如体标记“着”源于“附着在某处”。(戴浩一 1990)

Langacker(1987)词类的意义差别可以由它们在认知域内的基底(base)上勾勒出的不同侧面(profile)加以说明。名词标示的是“事物”，动词标示的是“过程(process)”，而形容词标示的是“非时间关系(atemporalised relations)”，如“explode(爆炸)”、“explosive(爆破性的)”、“explosion(爆破)”的意义差别。

如果“中”所在认知域中勾勒出的是体词性功能特征，它便属于方位词范畴；如果勾勒出的是与谓词共现凸显动态特征，它便属于体标记(时态助词)范畴。

综上所述，“里外”空间义方位词“中”和“중”与表持续义的“中”和“중”之间是有关联的，从形式上也能得到一定的验证，而且二者都被识解为容器图式。它们表示持续义而不能表示其他体意义(如完成体)，就是因为“中”和“중”在源域中被识解为边界模糊的、凸显“里”要素的方位词，而持续在时间链条上是“边界模糊”且有“里”(长度)的特征，因此“中”的虚化是有空间理据的。

三、“(正)在X中”与“-중+이다”的受限条件

(一) 动词的类别

持续意味着有长度，长度代表量；瞬间则意味着没有长度、无量。也就是说，“瞬间”不可论及内外。对瞬间的这种认识或形成的意象(image)导致瞬间类动词排斥与内外概念功能词共现。如：

(21) a. *她在死中。

b. *그녀는 죽는 중이다.

(22) a. *手机在丢失中。

b. *핸드폰을 잃는 중이다.

(23) a. *工厂在倒闭中。

b. *공장이 부도나는 중이다.

上例中"죽다/死"、"잃다/丢失"、"부도나다/倒闭"为非持续的瞬间类动词，这类动词都排斥与内外概念功能词共现，但这并不意味着持续义动词就能受"中"和"중"的修饰。如：

(24) a. *我们仍在相信中。

b. *우리는 여전히 믿는 중이다.

(25) a. *房产他在拥有中。

b. ?부동산은 그가 소유 중이다.

(26) a. *这些事我在知道中。

b. *이 일들은 내가 아는 중이다.

上例中"相信/믿다"、"拥有/소유하다"、"知道/알다"都表示一种"状态的持续"，这一类动词通常被认知为内部无变化、内部时间结构是均质的动词。这类动词语义特征为[-瞬间]、[+状态]、[-完结]。这类动词都排斥与内外概念功能词共现。

那么是否具有[-瞬间]、[-状态]、[+完结]等特征的动词就可以与"中"和"중"共现呢？看下例：

(27) a. *英子正在听中。

b. 영자는 한창 듣는 중이다.

(28) a. *我们正吃中。

b. 우리는 지금 먹는 중이다.

(29) a.*学生在跑步中。

b. 학생들은 뛰는 중이다.

例(27)～(29)的"听/듣다"、"吃/먹다"、"跑步/뛰다"等动词都是典型的行为动词，汉语的"中"不能与行为动词组合表示该动作的进行。朝鲜语则相对自由，可以与这类动词组合。这主要是朝鲜语"-는 중이다"结构中的关系化标记"-는"将动作动词进行体词化，进行一次缓冲的结果，这使很多动词都可以进入"-는 중이다"结构中受"중"的修饰。因此，朝鲜语"중"比汉语"中"出现在动词后的机会就更多。其实汉语行为动词也可以出现在"中"的后面，比如我们打电话经常会听到"您拨打的电话正在通话中，请稍后再拨"，这也是正处在虚化过程中的"中"适用范围的扩大表现。汉语也可以通过一次缓冲获得与动词组合的机会，如后加"过程"一词变为名词结构，但大多充当状语，个别充当谓语。如：

(30) a. 听力理解就是对听的过程中所进行的推测的验证。(《科技文献》)

b. 能让人在吃的过程中，嗅觉和味觉都得到极大的满足。(《文汇报》，2000)

c. 也许在跑步的过程中就不会感觉非常劳累和枯燥了。(《科技文献》)

“在+动词+中”结构，由于介词和方位词的制约，其动词性都是比较弱的。(张宜生 2002)“吃、听、走路”等动词有别于可以直接受“中”修饰的动词，它们都不能受“的”字结构修饰或被体词化。如：

(31) a. 资金的筹备、我们的研究、国家的建设……

b. *～的听、*～的吃、*～的跑步、……

仔细观察会发现“筹备、研究、建设”等直接受“中”修饰的大多是名动词，即带有名词性质，这正是因为“中”的方位词性质给予的限制。以上可以看出，汉语“中”仍处在虚化的过程当中，未完全语法化成为体标记，是准体标记。而朝鲜语“중”则与关系化标记“-는”组合使用，范围远广于汉语“中”，也就是说虚化程度比汉语要高。

综上所述，汉语“中”和朝鲜语“중”与动词的组配情况，可见下表：

表15　与动词的组配情况

<table>
<tr><th colspan="3">动词的类别</th><th>汉语</th><th>朝鲜语</th></tr>
<tr><td colspan="3">瞬间</td><td>-</td><td>-</td></tr>
<tr><td rowspan="3">持续</td><td colspan="2">+状态</td><td>-</td><td>-</td></tr>
<tr><td rowspan="2">-状态</td><td>+行为</td><td>-</td><td>+</td></tr>
<tr><td>-行为</td><td>+</td><td>+</td></tr>
</table>

（二）与时间词的搭配

汉语“中”和朝鲜语“중”在谓语动词后表持续义，要求与之共现的时间词具有[+持续]特征。看下例：

(32) a. *大家突然建设中。

b. *다 같이 갑자기 건설 중이다.

(33) a. *我们瞬间观望中。

b. *우리는 순간 관망 중이다.

例(32)、(33)中的“建设/건설하다”、“观望/관망하다”都具有[-瞬间]、[-状态]、[+完结]的特征。但是因为“突然/갑자기、瞬间/순간”等时间副词都具有非持续性特征，因此“中”、“중”都不能与之共现。

再看下例：

(34) a. *上个月开始，此案正在审理中。

b. *지난달부터 재판이 진행 중이다.

(35) a. *今年整个园林正在规划建设中。

b. *올해 정원 전체가 계획 건설 중이다.

例(34)、(35)中“上个月/지난달”、“今年/올해”是具有一定长度的、非瞬间类时间成分，这类时间词的起止明确，而“中”、“중”要求与起止模糊的“当前”类时间词共现，比如“最近/최근、现在/현재、目前/목전”等可常出现在句中。如：

(36) a. 目前全世界尚有98座新核电站正在建设中。(《人民日报》，1995)

b. 목전에 전세계 98개의 새로운 원자력발전소가 건설 중에 있다.

(37) a. 最近中国报刊行业对国外报刊企业的倾销还在调查中。(《科技文献》)

b. 최근 중국 신문잡지 업계의 해외 신문잡지 기업 덤핑에 대한 조사는

아직 진행 중이다.

除了时间名词外，句中还常出现“(正)在/한창、仍/여전히、继续/계속”等时间副词，进而凸显当前持续、当前进行等意义。如：

(38) a. 根据《国家高速公路网规划》，中国高速公路仍在快速建设中。(《福建日报》，2008)

b. <국가 고속도로망 계획>에 따라 중국 고속도로는 여전히 빠르게 건설 중이다.

(39) a. ……执法人员给予暂扣，案件在继续调查中。(《福建日报》，2006)

b. 집법인원이 가압류를 하였으며 사건은 계속 조사 중이다.

汉语“中”和朝鲜语“중”不能与“经常/자주、每/매”等表示反复类时间词语共现，表明二者排斥在多个场合事件句中出现，即要求与事件中的时间参照(如“最近/최근、现在/현재、目前/목전”等时间词)高度相关。如：

(40) a. *新核电站每年在建设中。

b. *새로운 원자력발전소가 매년 건설 중에 있다.

(41) a. *这个项目经常在研究中。

b. *이 프로젝트는 자주 연구 중이다.

一个体标记能出现在单一场合事件句还是多个场合事件句，反映观察情状的视点差异。汉语“中”和进行体标记“着”一样，只涉及单一场合发生的事件，二者聚焦度①都非常高，要求动作发生时间与外在参照时间基本一致。

再看下例：

(42) a. 그때 교통사고를 낸 두 운전자가 파출소에서 한창 입씨름 중이었다.

b. *那时两个肇事司机在派出所争执中。

(43) a. 옛날 어느 마을에 두 형제가 나란히 이웃집에 살면서도 서로 냉전 중이었다.(김양호,《화술과 인간관계》)

b. *从前一个村子里两个兄弟住隔壁，却一直在冷战中。

例(42)、(43)中的参照时间"그때/那时"、"옛날/从前"与说话人发话时并不一致。朝鲜语"중"可在这类句中出现，表示与外在参照时间保持一致，汉语则不可以。不仅如此，朝鲜语体标记"중"还可以后接过去时标记"-었"，表明说话人发话时与动作发生时间可以不一致。图示如下：

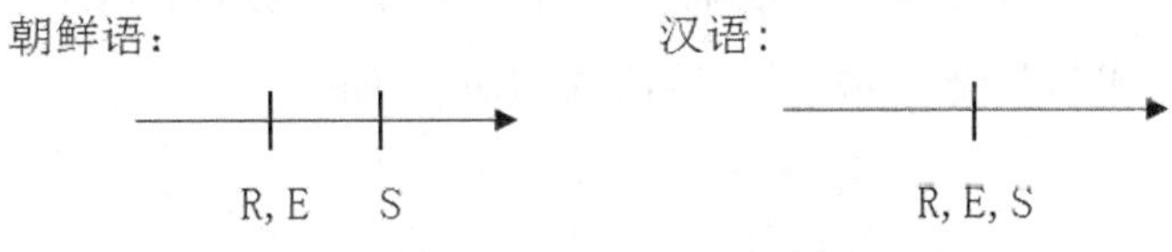

图45

图45表示一种时制结构，即参照时间(R)、情状的发生时间(E)、发话时间(S)三者在时轴上的相互关系。由此可知，朝鲜语体标记"중"涉及的时间域比汉语"中"要宽。

① Johanson(2000)认为"人们在特定参照点观察情状时对情状的状况关注或聚焦的程度会有所不同，这种聚焦的程度就是聚焦度"。(陈前瑞 2008)

第二节　朝鲜语限定助词“밖”和汉语后置词“外”

朝鲜语方位词由自由语素到黏着成分，变成语法形态素(限定助词)，在这一过程中空间名词的意义从具体变为抽象。目前朝鲜语方位词中语法化程度较深的有“밖”。朝鲜语“밖”和汉语“外”通过语义虚化、句法范域的扩大，形态变化经历了从方位名词(空间名词)到限定助词的演化历程。

一、排除标记“밖～/～外”的来源及演变

1. 首先考察朝鲜语自立名词②后面的“밖”。现代朝鲜语的大部分语法形态素，如助词或词尾等，在中世朝鲜语中基本都不具备语法形态素的地位，大多以词汇形式出现，“밖(에)”亦如此。中世朝鲜语时期(10世纪到16世纪)，很难找到“밖(에)”作为助词的例子，这一时期的“밖(에)”以“밧긔”或“밧기”的形式出现。如：

(44) a. 太子ㅣ 東門 밧긔 나가시니(《석상》，3.16ㄴ)

b. 眞理 여흰 밧긔 片事도 어루 得ᄒᆞᆯ 것 업슨 젼ᄎᆡ라(《원각》，상2，2.140ㄱ)

c. 그 각시 도로 글어 밧긔 내야 더디니라(《석상》，3.24ㄴ)

d. 그 밧긔 ᄯᅩ鐵圍山이 둘어 잇ᄂᆞ니(《월석》，1.28ㄴ)

② 自立名词是可以独立成为句子成分的名词。与之对应的依存名词缺乏独立性，在句子中不能单独构成句子成分，必须与限定修饰的词相结合，也称不完全名词。

第一，例(44)a中“밧긔”修饰名词N，指太子在“东门的外面”，指具体空间方位。N不仅可以是具体空间实体，还可以表示抽象概念。在中世朝鲜语中“밖(에)”已具有高能产性。第二，出现在V的后面，相当于现代朝鲜语的“~의 바깥에, ~외에”，从意义上与例(44)a基本相似，但更加抽象，在现代朝鲜语中“V는 외에”更自然。中世朝鲜语的这种无冠型变化“-는”协助的句法环境逐渐消失了。第三，“밖(에)”的单独使用，如例(44)c中并没有出现名词或动词等前附成分，这主要是根据具体语境无需出现导致的省略。第四种情况是出现在指示代词“이，그，저”后面，此用法已在中世朝鲜语中使用频率较高，如例(44)d。

我们主要关注的是名词N后的“밖(에)”，因为助词“밖(에)”主要也出现在名词后。“밖(에)”的前附名词，除了表示空间义名词外，还有表示距离、数量、范围等抽象概念义名词。如：

(45) a. 八萬里 밧긔 업스신(《선종》，서，2ㄴ)
　　b. ᄆᆞᅀᆞᆷ밧긔 부톄 잇고 性 밧긔 法 잇다(《목우자》，2ㄴ)

例(45)a中“八萬里”表示距离，例(45)b中“ᄆᆞᅀᆞᆷ”表示心里范围，与“밧긔”组合表示超出这些抽象范围。可见，“밖(에)”可出现的语义句法环境逐渐扩大。

再看下例：

(46) 跡이 名言 밧긔 업스시니 (《선종》，서，2ㄴ)

虽然例(46)中“밧긔”出现在名词“名言”后，但值得注意的是，句中出现了否定词“업스시니”。其原因在于，现代朝鲜语中具有助词功能的“밖(에)”所具备的条件之一就是将后带否定词做框式结构出现。中世朝鲜语中这种后带否定词的例子并不多见。例(46)中“밧긔”既可以看作是名词又可以看作是助词。

(47) a. 跡이 <u>名言의 바깥(외)에</u> 업스시니

b. 跡이 <u>名言밖에</u> 업스시니

例(47)a是将例(46)“밧긔”解读为内外概念，句义为“在名言内”，例(47)b则是将“밧긔”解读为限定意义的助词，句义为“只有名言”。例(47)b的这种用法就像现代朝鲜语的“~밖에 없다”。如：

(48) a. 나는 돈<u>밖에</u> 없다.

b. 나는 돈<u>만</u> 있다.

例(48)的“~밖에 없다”可用典型限定助词“-만”替换，句义基本一致。框式结构“~밖에 없다”中“-밖에”即是限定助词。

17世纪文献中的一些“밧긔”已难以视作表示内外概念的名词。如：

(49) a. 치가ᄒᆞᄂᆞᆫ법은 <u>졀용밧긔</u> 업ᄂᆞ니라(《계녀서》，22)

b. <u>노비밧긔</u> 귀ᄒᆞᆫ거시 업ᄂᆞ니라(《계녀서》，26)

例(49)a中“밧긔”与名词“졀용(节约)”组合表示局限义，即表示

“要起家当有钱人只能节约，除此之外别无办法”。句中出现了否定词“업ᄂᆞ니라”，且句中“밧긔”可替换成限定助词“만”。例(49)b亦然，表示“除了奴仆外没什么可值得珍惜”，“밧긔”限定名词“노비(奴仆)”。可见，早在17世纪内外概念功能词“밝”与位格助词“에”组合已开始语法化为限定助词。

18世纪近代朝鲜语中这种用法已逐渐增多。如：

(50) a. 니마두 탕약망 두 <u>사ᄅᆞᆷ밧긔</u> ᄂᆞᆫ아디 못ᄒᆞᆯ너라(《을병3》，txt302)
b. 오직 북지 왕침과 제갈쳠 등 두어 <u>사ᄅᆞᆷ밧긔</u> 들니미 업ᄉᆞ니(《자성편-외》，34ㄴ)

例(50)a表示“只有两人知道”，例(50)b表示“只有两人来过”。两个句子中句尾都出现了否定词“못ᄒᆞᆯ너라”、“업ᄉᆞ니”，两个句子中“밧긔”都是限定助词。

到19世纪近代朝鲜语后期，“밧긔”与现代朝鲜语限定助词“-밖에”没有什么不同，已有很多例子证明“밧긔”已经完全虚化为限定助词。

(51) a. 부귀공명밧긔 업ᄂᆞᆫᄃᆡ숙뎨ᄂᆞᆫ 그 지쳐와(《한중록》，472)
b. 브ᄉᆞ런밧긔 입다ᄒᆞ니(《성해》，119ㄱ)
c. 청국 십분지 일밧긔 못 되ᄂᆞᆫ나라이라도(《독립》，txt167)
d. 무식ᄒᆞᆫ 사ᄅᆞᆷ은 나밧긔 업ᄂᆞᆫ지라(《독립》，txt10183)

2. 依存名词与助词“-밖에”组合形式中最典型的是“~수 밖에”。在现代朝鲜语中“~수 밖에”几乎已固化，能产性非常高。“~수 밖에”在19世纪文献中已大量出现。

(52) a. 불가불 그 사람은 굴머 죽을 <u>슈밧긔</u> 업ᄂᆞᆫ지라(《독립》，txt1328)

b. 불가불 갈 <u>슈밧긔</u> 업셔요(《독립》，txt12535)

c. 구원하여 줄<u>슈밧긔</u> 업스니(《매일1》，txt378)

d. 셰상에 낫하 날 <u>슈밧긔</u> 업ᄂᆞᆫ지라(《매일1》，txt388)

e. 그ᄇᆡᆨ 셩의게 글경이질을 ᄒᆞᆯ <u>슈밧긔</u> 업ᄉᆞᆫ즉(《매일3》，txt215)

例(52)中的"슈밧긔(수밖에)"是依存名词"슈"与"밧긔(밖에)"组合构成。从意义还是后接否定形式来看，此组合中"밧긔(밖에)"确实是助词。从语料数量或组合的出现时期来看，"밖에"与依存名词组合后语法化为助词的现象比起自立名词较晚。自立名词后面的"밖에"早在17世纪就呈现出其作为助词的语法身份，但依存名词后的"밖에"直到19世纪才具有其语法地位。

这一时期与"수"组合的类似结构还有：

(53) a. 대단히 어리석은 줄노 ᄉᆡᆼ각 ᄒᆞᆯ<u>밧긔</u> <u>슈</u> 업고(《독립》，txt1651)

b. 대단히 ᄒᆡ로올 <u>밧긔</u> <u>슈</u>가 업ᄂᆞᆫ지라(《독립》，txt6428)

c. 그 흰 것을 검정이라ᄒᆞᆯ <u>밧긔</u> <u>슈</u>가 업ᄂᆞᆫ 모양으로(《독립》，txt6793)

d. 정ᄒᆞᆫ 물들을 먹게 ᄒᆞ여 줄 <u>밧긔</u> <u>슈</u>가 업ᄂᆞᆫ지라(《독립》，txt7315)

e. ᄒᆞ나 ᄃᆞᆯ면 다 줄 <u>밧긔</u> <u>슈</u>가 업ᄉᆞᆫ즉(《독립》，txt10762)

例(53)中"밧긔"前出现的都是动词，后面则出现"슈가 업다"。和例(52)不同的是"슈(수)"的位置，例(52)中它出现在"밧긔"前作依存名词，例(53)中出现在"밧긔"后，是"手段、方法"义的自立名词。例(53)中"밧긔"指超出所修饰的动词的动作范围外，后接"슈가 업다"表示无其他办法，即这个句法环境中的"밧긔"虽语义上已虚化，但仍保留其内外概念义。这里的"밧긔"的性质更接近依存名词，不宜定性为

助词，因为助词通常所具备的基本条件之一就是修饰体词性成分。

综上，朝鲜语“-밖에”首先在17世纪前只表示外部空间概念义，是空间名词。进入17世纪近代朝鲜语时期，逐渐开始带有助词性质，直到19世纪呈现出大量助词用法的例子。同一时期又出现与依存名词“ᄉᆞ(수)”组合，巩固了“-밖에”作为助词的语法性质。

3. 汉语“外”，初文见于商代甲骨文，最早与“卜”为同一字，本义一般认为是外部，与“内”、“里”相对。在上古时期，方位名词“外”可以单用，表示外部空间，独立做主要句法成分。如：

(54) a. 训有之：内作色荒，外作禽荒。(《尚书·五子之歌》)

b. 上有以洁为酒醴粢盛，以祭祀天鬼；外有以为皮币，与四邻诸侯交接。(《墨子·尚贤》)

还常作介词“在”、“自”、“于”的宾语，表示“在外面、从外面……”。如：

(55) a. 大夫在外，其妻、长子为旧国君(《仪礼·丧服第十一》)

b. 象曰：或益之，自外来也。(《周易·益卦第四十二》)

c. 鼓钟于宫，声闻于外。(《诗经·小雅·白华》)

“外”还可以出现在处所名词后面，表示超出该处所范围。如：

(56) a. 相常暴坐苑外，终不休，曰：“吾王暴露，独何为舍？”王以故不大出游。(《前汉纪·荀悦》)

b. 宗妇执两笾，户外坐；主妇受，设于敦南。(《仪礼·特牲馈食礼》)

c. 夫先王之制，邦内甸服，邦外侯服……。(《国语・周语・祭公谏穆王征犬戎》)

同时“外”与处所成分组合可以作介词“在”、“自”、“于”等的宾语。如：

(57) a. 孟孙立于房外，谓范献子曰：……(《左传・定公六年》)

b. 在海外东方有汤谷，上有扶桑，十日浴沐水中，有大木，九日居下枝，一日居上枝。(《山海经・海外东经》)

c. 雩，讲于梁氏，女公子观之。圉人荦自墙外与之戏。子般怒，使鞭之。(《左传・庄公三十二年》)

这一时期，虽然出现频率不高，但“外”已经可以与身体部位名词组合使用。如：

(58) a. 其身内，其言外者，疏；其身外，其言深者，危。(《鬼谷子・谋篇》)

b. 一身之神，在胸中为思虑，在胸外为兆数，犹人入户而坐，出门而行也。(《论衡・卜筮篇》)

c. 圣人有所于达，达则嗜欲之心外矣。(《淮南子・俶真训》)

例(58)a中“身外”，是将身体视作有内有外、有边界的客观实体，指“我”以外的人，即“外人”。例(58)b则将胸视作有内有外、有边界的实体，指“神”超出胸的范围。例(58)c同样将边界模糊的“心”视作有内有外、有边界的实体，“外”指欲望不在心的范围内。可见，“外”逐渐用来指示抽象事物的外部。

下例中的“外”已可以表达超出时间、数量范围等抽象概念，其语义逐渐开始虚化。如：

(59) a. 凡治质剂者，国中一旬，郊二旬，野三旬，都三月，邦国期，期内听，期外不听。(《周礼注疏·卷十五》)

b.《玄经》，数百年外，其书必传。(《史论·新论》)

c. 远在千里外，不敢易其辞；……(《韩非子·有度》)

d. 德可远施，威可远加，而直数百里外威令不信，可为流涕者此也。(《汉书·治安策》)

到了魏晋南北朝时期，上述抽象概念组合的用法开始逐渐增多，同时该用法在形式上常与介词组合使用，为“外”虚化为后置词提供了条件。如：

(60) a. 遂行推问，乃于数里外得其家，云：“失来十余年。”(《搜神记·卷十四》)

b. 严慧柯于胸中，被神甲于身外，愍十八之无辜，哀三空之路绝。(《弘明集·卷十四》)

c. 猛兽不奋搏于度外，鹰鹞不挥翮以妄击。(《抱朴子·广譬》)

d. 夫料盛衰于未兆，探机事于无形，指倚伏于理外，距浸润于根生者，明之功也。(《抱朴子·仁明》)

除了表时间、数量范围等抽象概念义，这一时期“外”逐渐开始表达“排除”义。如：

(61) a. 张、吴、何、王、石本于原注十二字外，更有「无传」二字。

（《华阳国志・卷十》）

b. 于上二十一字注文外，又有「在《武传》中」四字，他各本无。（《华阳国志・卷十》）

到了唐代，这种用法的用例明显增多。但是单用“外”的例子不多，大多为与“除”构成框式结构“除……外”或与“之”组合表达“排除”义。如：

(62) a. 今后除两税外，辄率一钱，以枉法论。(《旧唐书・卷十二》)

b. 此后除二社外，不得聚集，有司严加禁止。(《旧唐书・卷五》)

(63) a. 七声之外，更立一声，谓之应声。(《通典・卷一百四十三》)

b. 兵杀之外，余有九亿人，皆欲诛戮，无遗噍类。(《大唐西域记・卷四》)

(64) a. 平章录纪，事讫即除，籍书之外，无久掌文案。(《通典・卷一百九十一》)

b. 老生之外，孤无所咎。纵卿不诚于孤，亦当以赤心相仰。(《大唐创业起居注・卷二》)

例(62)、(63)中的“之外”都用来表排除义，但例(62)表示追加，例(63)表示排除。岳岩(2013)指出，排除范畴包括直接排除和间接排除，其语义本质是将排除对象特殊化，并凸显这一部分和其他部分之间的区别或联系。当凸显二者区别时表达“排除功能”，凸显二者联系时表达“追加功能”。

这一时期，“之外”还可以与“除”组合构成框式结构“除……之外”，表达排除义。如：

(65) a. 城内老小丁女，除营食之外，皆令膺役城上，分为八队，使识文者点检常旗，备拟物为八部。(《通典・卷一百五十二》)

b. 所受坛施，除粗衣粝食之外，一毫一粒，悉归营缮。(《唐文拾遗・卷五十二》)

c. 除此之外，不得为进。如有违者，并先决杖三十。(《唐文拾遗・卷三》)

从例(65)c可以看出，"除……之外"虚化程度已较高，指示代词"此"可以进入该结构中。

经过宋代，到元明时期，表排除义的"外"依赖"除"的程度越来越高，几乎不再单独用来表达排除义。直到清代，不仅要依赖"除"，还要依赖"之"，"除……之外"的使用频率非常高，为现代汉语排除义构式"除……之外"的形成奠定了基础，并且为"~外"虚化为后置词助一臂之力。

二、汉、朝"～外/밖～"的排除义表达形式

1. 朝鲜语"밖"和汉语"外"与其他成分组合，都可以表示排除义，二者不仅在形式上形成对应关系，又有共同的认知基础，而虚化的过程中其语义特征、句法表现都有所不同。

常见的朝鲜语排除义表达形式有：助词类"-밖에"、"-외에"(汉字词"-外에")；动词类"말고/제외하고/빼고"；动词词干+定语标记型"제외한/뺀"等。

汉语排除义表达形式主要有："~(以/之)外"、"除(了)……"、"除了(了)……(以/之)外……"等。

考察排除义首先要弄清其定义及所指范围。排除是一种思维方

式，人们认识某一类事物时，自然要消除、除掉一部分来筛选认为重要的一部分去选取，因为人的注意力是有限的。本书所说的“排除”义是基于排除范畴的语义，即它不单单表示消除、除掉等词汇意义，还包括“追加”义。

语言表达中的排除，离不开数学中的集合论中的补集、全集等概念。在某一个集合B中，属于B但不属于A的部分为该集合B的补集E，B为全集，A为排除对象。排除范畴中的“追加”指的是A+E。

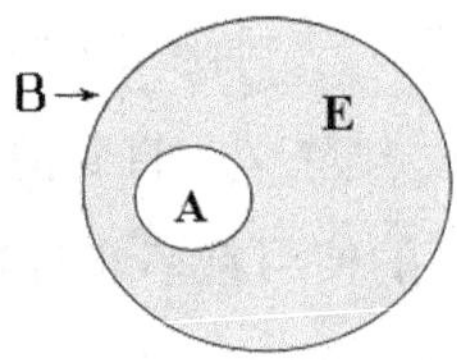

图46

2. 朝鲜语根据不同表达形式，可表达不同的排除范畴义(下文简称排除义)。先看下例：

(66) a. 영희밖에(*)/외에/말고/(를) 제외하고/빼고 모두가 등교했다.
(除了英姬大家都来学校了。)
b. 영희는 돈밖에(?)/외에/말고/(을) 제외하고/빼고 모든 것을 다 가져왔다.
(英姬除了钱都带来了。)
c. 영희를 뺀/제외한 모든 학생들이 다 등교했다.
(除了英姬所有学生都来学校了。)

例(66)a、b、c中表示全部义的"모두가/모든 것을/모든 학생들이"表示该集合是全集B，它们的前附成分"영희"、"돈"、"영희"是排除对象，它们用来表示全集B中排除对象A，指示补集E。

朝鲜语的不同表达形式根据不同的句法分布呈现出一定的差异。如：

(67) a. 너는 꽃을 빨강게밖에/외에/말고(*)/제외하고(*)/빼고(*) 못 그리니?
(你只能把花画成红色的吗？)
b. 너는 꽃을 이렇게밖에/외에/말고(*)/제외하고(*)/빼고(*) 못 그리니?
(你只能把花画成这样吗？)

可见，朝鲜语"밖에/외에"可修饰形容词性成分，而"말고/제외하고/빼고"则不能。

再看下例：

(68) a. 그래도 나중에 사진밖에/외에/말고/제외하고/빼고 남는 게 없어.
(只有照片能留作记忆。)
b. 영희는 사과밖에(*)/외에/말고/제외하고/빼고 바나나도 샀다.
(英姬除了苹果，还买了香蕉。)

朝鲜语"밖에/외에/말고/제외하고/빼고"都可用来修饰名词性成分，其中"밖에"仅限于在否定式排除句中修饰名词成分，不能在肯定式排除句中出现。具体说不能用来表达追加义。

汉语排除义表达形式，"~(以/之)外"、"除(了)……"、"除了

(了)……(以/之)外……"跟朝鲜语一样都是用来表示全集B中排除对象A，指示补集E。在句法分布、组配成分上都比朝鲜语自由。不管是谓词性成分还是体词性成分、不管是排除(否定式)还是追加(肯定式)，这些表达式都不受限制。如：

(69) a. 他学习好以外(之外)没有什么优点。

b. 触目所及的颜色，除了红，仍是红。

c. 除了价格便宜以外(之外)，质量还挺好。

(70) a. 英姬除了苹果(以外/之外)没有买别的。

b. 英姬除了苹果(以外/之外)还买了香蕉。

3. 排除义表达形式主要用于表达，在上下文语境中所提供的全集B中排除对象A，指示补集E。语境中提供的补集，根据不同形式可分为三类：一是全称量化词"모두/都"、"모든/所有"等，二是"量化词+否定形式"，三是表限定的量化词(人名等表部分的量化词)。如：

(71) a. 영희밖에(*)/외에/말고/(를) 제외하고/빼고 모두가 등교했다.

b. 除了英姬(以外/之外)都来学校了。

(72) a. 영희밖에(?)/외에/말고/(를) 제외하고/빼고 아무도 등교하지 않았다.

b. 除了英姬(以外/之外)谁也没来学校。

(73) a. 영희밖에(*)/외에/말고/(를) 제외하고/빼고 순희와 철수가 등교했다.

b. 除了英姬(以外/之外)，顺姬和哲洙来学校了。

例(71)中补集用全称量化词"모두/都"来表示，例(72)中补集由

“아무/谁”等不确定的“任指”来表达，例(73)的补集由人名的组合“순희와 철수/顺姬和哲洙”来表达。

例(71)和(72)虽表达完全相反的意思，但其共同之处是两组例子中排除对象A和补集E是相互排斥的。例(71)表示排除对象A无法满足“X来学校”；例(72)则相反，排除对象A满足“X来学校”，补集E则不满足。如下图满足“X来学校”用斜线标注：

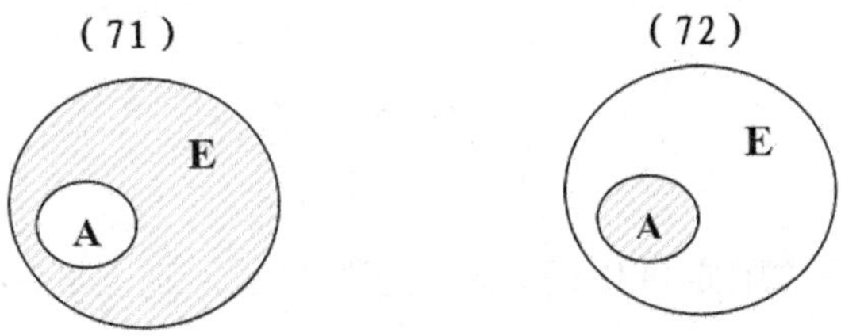

图47

(74) a. 영희밖에(*)/외에 순희와 철수가 등교했다.

b. 영희말고/(를) 제외하고/빼고 순희와 철수가 등교했다.

c. 除了英姬(以外/之外)，顺姬和哲洙来学校了。

例(74)则比较复杂，朝鲜语汉字词表达形式“-외에”在补集为限定量化词时，无“排除”义，只有“追加”义。即，例(74)a里表示排除对象“영희”与补集“순희와 철수”三人都来了学校。例(74)b里动词类表达形式“말고/(를) 제외하고/빼고”则表示排除对象“영희”无法满足“X来学校”，补集“순희와 철수”则满足，即表示只有补集“순희와 철수”来了学校。朝鲜语固有词表达形式“-밖에”则不能出现在限定量化词作为补集的句子中。汉语则不管哪种形式，只能表示排除对象“英姬”无法

满足“X来学校”，补集“顺姬和哲洙”满足，即表示只有补集“顺姬和哲洙”来学校。例(74)a和例(74)b、c的差异如下图所示：

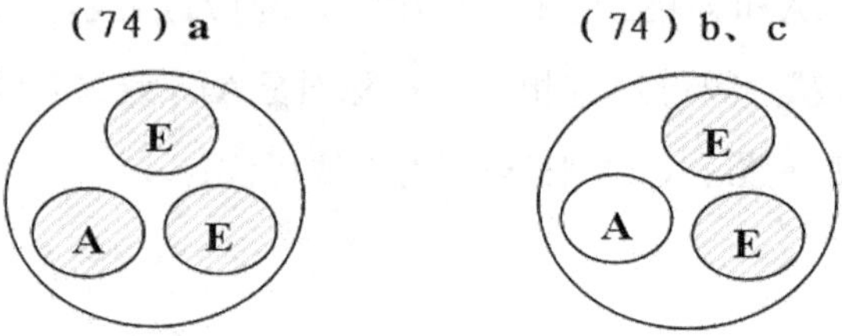

图48

汉语如果与限定量化词共现表示“追加”，则需要“也”、“还”等逻辑算子的协助。如：

(75) a. 除了英姬(以外/之外)，顺姬和哲洙也来学校了。
b. 除了苹果(以外/之外)，还买了香蕉和橘子。

朝鲜语“-밖에”、“-외에”常与指示代词“이”、“그”组合，以“이 밖에/이 외에”、“그 밖에/그 외에”形式表示“追加”，与之对应的汉语“此”与“外”以词汇化的形式表达“追加”。如：

(76) a. 윷놀이, 알까기 놀이, 공기 대회 등 그날 해 본 놀이의 풍경을 자세히 묘사했다. 그 외에 소풍, 견학을 다녀온 소감, 책을 읽고 난 뒤의 느낌도 기록했다.
b. 详细地描写了掷柶游戏、弹围棋子游戏、丢沙包比赛等那天玩游戏的场面。此外还写下了出游和参观后的感受以及读书后的感受。

综上，我们可以将排除义的表达分成以下四种。如图所示：

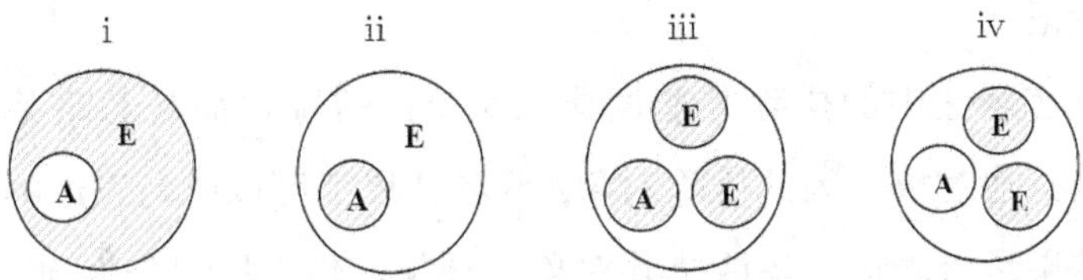

图49

表16 汉、朝语排除义表达形式与类型

	表达形式与类型	i	ii	iii	iv
朝鲜语	-밖에	−	+	−	−
	-외에	+	+	+	−
	말고 제외하고 빼고	+	+	−	+
汉语	除了(了)……(以/之)外…	+	+	−	+
	除了(了)……(以/之)外……也/还……	−	−	+	−

4. 排除的本质是凸显排除对象A或者结果(该结果有可能是全集，也有可能是补集)。凸显在语言当中的表现就是“焦点”的表达，与说话人的认知活动密不可分。具体说，焦点(focus)是基于信息传递和

语用心里的产物。

提示焦点位置或凸显焦点的语言成分为焦点标记。汉语和朝鲜语排除义表达形式，作为凸显排除对象或结果的形式，都可以视作焦点标记。

语言表达中的排除并非词典意义上的排除，而是忽略某些对象来凸显其他对象，因此排除对象A或者补集都可以成为表达的焦点。根据结果是否表达全集或排除对象、补集，焦点标记分为“追加”焦点标记和“排除(排他)”焦点标记。如：

(77) a. 그는 소설 외에(*밖에)，때로는 시도 쓴다.

b. 他除了小说以外(之外)，有时候还写写诗。

(78) a. 나는 추운 겨울 외에(*밖에) 다른 계절은 다 좋아한다.

b. 我除了寒冷的冬天以外(之外)，其他季节都很喜欢。

(79) a. 그는 허풍을 떠는 것 외에(밖에) 별다른 재주가 없다.

b. 除了吹牛以外(之外)他别无长技。

例(77)的排除对象“소설/小说”与补集“시/诗”的关系是追加关系，二者为对比焦点。其中排除对象为次要焦点，补集为主要焦点，句子相对突出补集。例(77)中的“외에/除了……以外(之外)”属于追加焦点标记。例(78)中的排除对象“추운 겨울/寒冷的冬天”与补集“다른 계절/其他季节”的关系是排他关系，排除对象为主要焦点来凸显补集。例(79)中的排除对象“허풍을 떨다/吹牛”和补集“다른 재주/(其他)长技”的关系也是排他关系，排除对象是主要焦点也是被凸显的信息。例(78)、(79)中的“외에/除了……以外(之外)”都是“排除(排他)”焦点标记。如例(79)a一样，朝鲜语“-밖에”则通常只能用来表示

排除，排除对象是主要焦点也是被凸显的信息。

汉语和朝鲜语里表示排除对象是主要焦点也是被凸显的信息，常用限定助词“-만”或副词“다만/단지”、“只(有)、仅(仅)”等。从例(79)可以看出可以与之替换，而其他例句则不可以。如：

(80) a. 그는 허풍만 떨 줄 알았지 별다른 재주가 없다.

　　b. 他只会吹牛，别无长技。

之所以可以与限定助词“-만”替换，是因为朝鲜语界常把“-밖에”定性为限定助词，而它的语法化程度比典型限定助词“-만”较低，会受一定的句法限制。如：

(81) a. 동생은 집에 가면 책만 본다.

　　b. *동생은 집에 가면 책밖에 본다.

　　c. 동생은 집에 가면 책밖에 안 본다.

如例(81)所示，“-밖에……+否定”形式才可以表示限定或凸显排除对象做焦点。

综上，表示外部空间的朝鲜语固有词“밖”、汉字词“외”和汉语“外”都可以与其他形式组合表达排除范畴义，是语义虚化、句法范域扩大的表现。

三、排除标记“～外/-밖에”的虚化认知机制

汉语和朝鲜语“外/밖”通过隐喻机制的运作，首先用物理空间来指示心理空间。如：

（82）a. 낯선 사람을 집 밖으로 내밀다.

b. 예상 밖으로 일이 복잡해졌다.

（83）a. 她一直站在病房外。

b. 你得到的报复将是出乎你预料外的残酷。（柳残阳，《断肠花》）

随着意义转移到虚拟的心理空间，没有具体的可视对象，因此须要求出现区分内部和外部的指示对象。“밖/外”由独立的空间名词演变为依存名词、方位词等依附成分，从意义虚化角度来看是必然的。

朝鲜语“-밖에”和汉语“~外”既可以表示外部空间，也可以表示限定或排除义。先看下例：

（84）a. 차 밖에 아무 것도 없어.

b. 车外什么都没有。

上例朝鲜语例句有歧义，根据语境既可以表示“车子外面什么都没有”，又可以表示“除了车子什么都没有”。汉语则只有外部空间义，如果要表达排除义需要与“以、之”组合。

例（84）可图示如下：

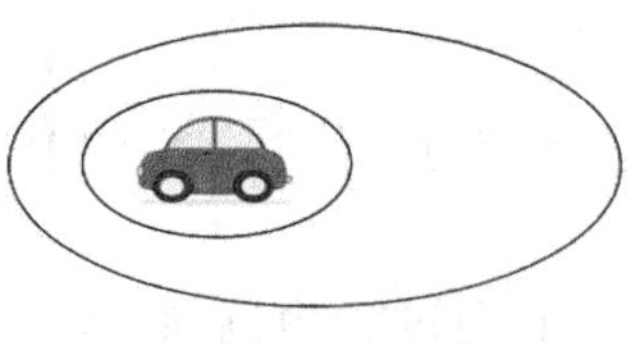

图50

当我们看到图50时，既可以理解为“车的外部空间什么事物都不存在”，也可以理解为“除了车别无其他事物”。可见，不管表示空间义还是表示排除义，其认知图式是一样的。

上文已指出，“-밖에/以外+……否定”形式才可以表示限定或凸显排除对象做焦点。这是因为，在一个篇章信息结构中，针对某个特定对象凸显该信息就是排除焦点标记的功能。如：

(85) a. 안경을 쓴 학생은 영희밖에(*외에) 없다.
　　b. 영희 외에(*밖에) (아무도) 안경 쓴 사람이 없다.

(87) a　　　　(87) b

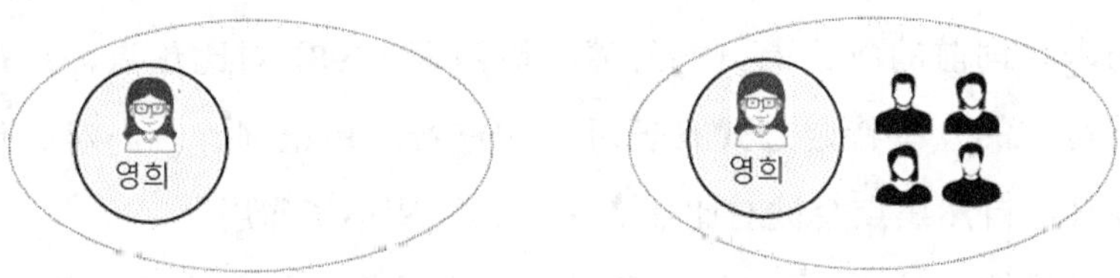

图51

根据例(85)，如果要确定画中人的所处领域，“英姬”在领域内，其余的人则处于领域外。“英姬”和“其他备选(其他人)”在同一认知域内出现，但焦点标记“-밖에”和“-외에”则指出“英姬”是物象(figure)，“其他备选(其他人)”是背景(background)。例(85)a和b的真值语义是一样的。

其实，例(85)a和b都在表达“戴眼镜的人只有英姬”，但从信息传递的角度来说，二者却有区别。仔细观察会发现，例(85)a中“其他备选“아무(Someone)”是语外成分，例(85)b里为语内成分。朝鲜语

排除焦点标记“~밖에”不要求出现“其他备选”来突出对象，而“~외에”则可隐可现，如例(85)b。即二者各有分工。

除此差别之外，从句法分布上看，“-밖에”和“-외에”一个在句末、一个在句中或句首。

语言学界谈论的焦点(focus)是相对于背景(background)而言的。在信息传递的过程当中，背景可以在句内出现，也可以在上下文语境中出现，甚至可以在语外(谈话双方共享知识中)出现而被忽略。焦点大致可以分为自然焦点和对比焦点两类。(张伯江、方梅 1996) 小句的自然焦点，又叫常规焦点。自然焦点形式上的特点是，没有专门的焦点标记，跟语序密切相关。在汉语中自然焦点常落在句末。(张伯江、方梅 1996) 朝鲜语等SOV型语言的自然焦点，则落在句末动词前的成分上。(刘丹青、徐烈炯 1998) 对比焦点，总是借助语言中的一些特定方式来表示，如重音、标记词等。当对比焦点出现时，自然焦点会被对比焦点覆盖、发挥不了作用。

可见例(85)a的自然焦点和对比焦点重叠，句中的“영희”既满足自然焦点条件，又有对比焦点标记“-밖에”。而例(85)b则不同，焦点标记和突出对象在句首，与自然焦点分离。但焦点仍是“영희”，自然焦点和对比焦点相互竞争的结果，对比焦点更占优势，自然焦点无力发挥作用。例(85)a、b两句看似都在凸显“영희”，但信息传递的程度是有所差异的。例(85)a句没有出现其他备选(补集)，例(85)b句则出现了。Rooth(1985)曾指出，焦点有选择功能，是在众多选项中选出一个对象。(刘丹青、徐烈炯 1998) 在选出一个对象的过程当中，出现备选必然比无备选出现费力。从这一角度来说，例(85)a句的突出焦点的强度比例(85)b句强。进而可以看出，朝鲜语焦点标记“-밖에”的凸显焦点功能比“-외에”强。

再看汉语的情况。

(86) a. 大家都没戴眼镜，除了英姬以外。

b. 英姬以外谁也没戴眼镜。

c. ?英姬以外没人戴眼镜。

d. 只有英姬没戴眼镜。

汉语如果将自然焦点和对比焦点重叠，要通过倒装句的形式来满足。但汉语"~外"不像朝鲜语"-밖에"，句中可以隐去其他备选作为语外共有知识来处理，须使用"大家都"等备选(补集)共现在句中，如例(86)a。从例(86)可以看出，汉语焦点标记"~外"不管在句尾还是在句中，都要依赖备选(补集)与之共现。汉语副词"只、只有、仅"等焦点标记，可以不依赖备选(补集)突出对象。

可见，朝鲜语"-밖에"的焦点标记功能较强，常可替换典型排除义限定助词"-만"，此时与汉语典型排除义焦点标记"只、只有"对应。汉字词形式"-외에"的功能则不如"-밖에"强，常对应于汉语焦点标记"~外"。

第五章 句法对空间标记词的抑制作用

储泽祥(2004：120)曾指出，离散的实体事物的形体就是空间，实体事物的形体能提供一个自身的空间范围。形体即空间这条脉络贯穿汉语方所的始终。实体事物本身具有双重性，一是空间性、二是事物性。

名词是现实世界实体事物范畴化的产物，客观实体在现实世界中通常都占据一定的空间位置，与此相应地，名词也就自然具有了空间性。换句话说，客观事物的空间特征是名词具有空间性的基础，名词的空间性是语言对事物范畴化之后形成的一种基本的属性。在实际的言语交际中，名词所处的句法位置对其空间性有着重要的影响。

我们注意到名词的事物性或空间性因句法位置的不同被凸显或被抑制。方位词是名词的空间性得以凸显的最有效的显性手段，它的隐现会影响一个名词的空间性。有的名词要加上方位词等空间标记后才能实现其空间性，有的则不带标记也仍具有一定的空间性。

第一节　处所成分升格现象与空间标记词的选择

名词入句后会被赋予一定的语义角色，它有别于客观事物分类所得的自身语义，如名词“杯子”在“杯子打碎了”中是受事论元，在“放杯子里”中是处所论元。

汉语和朝鲜语都存在语义角色的升格(promotion)①现象，比如处所角色成分升格为宾格等。下面主要考察宾语位置的名词(包括处所词)的空间性是如何得以实现的。

一、朝鲜语处所论元升格条件及空间标记的隐现

朝鲜语和汉语，处所论元的常规句法配位是状语。朝鲜语处所成分一般与处格助词“-에서”或位格助词“-에”组合作状语。朝鲜语处所成分一般不能与宾格标记“-을/를”组合直接升格为宾语。比如汉语的“吃食堂、睡沙发”中的“食堂、沙发”都只能用状语来表达。如：

(1) a. 식당에서(*을) 먹는다.
(吃食堂。)
b. 소파에서(*를) 잔다.
(睡沙发。)

① 指一类使名词短语更加突显的改变关系的过程。在升级(advancement)变化中，一个与某个动词持有某种语法关系的NP变为该动词持有另一种语法关系。非受事成分充任宾语的现象为及物性关系提升或升格。(임홍빈 1979，우순조 1994，沈家煊 2007)

1. 朝鲜语处所成分升格为宾格，主要有以下情况。

第一，趋向动词“가다(去)、오다(来)、도착하다(到达)、떠나다(离开)”等作谓语。如：

(2) a. 학교에/를 가다
(去学校。)
b. 집에/?을 왔다.
(来家里。)

(3) a. 서울에서/을 떠나다.
(离开首尔。)
b. 서울에/*을 도착했다.
(到达首尔。)

朝鲜语趋向动词带处所宾语，仅限于出发类，如例(2)a、例(3)a中“가다(去)”、“떠나다(离开)”。而例(2)b、例(3)b中“오다(来)”、“도착하다(到达)”等到达类趋向动词与处所成分共现，通常要求处所成分带处格助词、位格助词作状语。(이광호 1988，우형식 1996)

这种选择是认知机制运作的结果。当某个实体离开某个空间或处所，且离它越远越容易进行总括扫描②，就像一座山离我们越远越

② 按照Langacker(1987)的理解，扫描指的是在建构一个复杂的场景时所作的认知处理，它是将某个比较标准和另一个对象关联起来，并记录它们之间差异的操作。扫描方式有两种：“总括扫描(summary scanning)”和“次第扫描(sequential scanning)”。前者扫描时以积累的方式平行地激活，对场景一次性地呈现出来，作为一个单一的完型被感知，忽略了不同阶段的细节差异和时间性，是对场景的一种静态把握。后者扫描时将场景中的每个状态依次进行激活，关注每个状态之间的关联，非同时呈现，关注不同阶段的细节差异和时间性，是对场景的一种动态把握。

容易映入我们眼帘一样。这也正意味着空间性降低、事物性提高。而“가다(去)、떠나다(离开)”等趋向动词表示空间处所离话者有距离，适合进行整体把握。因此这类动词涉及的处所成分可以升格做宾语。到达类动词则相反，表示离某个空间处所越来越近，不易整体把握，对空间处所只能进行次第扫描。就像离某一所房子，离得越近越容易看清房子的构造、布置一样，因此到达类动词支配的处所成分空间性会逐渐升高、事物性则会降低。因此这类动词所涉及的处所成分无法升格做宾语。

第二，移动方式动词“걷다(走)”、“기다(爬)”、“헤매다(徘徊)”、“돌아다니다(转)”等作谓语。这类动词属于泛方向性动词，而动作表示位移，因此所涉及的空间是“持续空间”。(김하얀 1998)

(4) a. 큰길에서/을 걷다.
(在大马路上走/走大马路。)
b. 마루에서/를 기다.
(在地板上爬/爬地板。)

虽然，例(4)a、b两种情况处格标记“-에서”和带宾格标记“-을/를”可通用，但二者有区别。处所成分带“-을/를”升格做宾格后，该处所义中被赋予新的语义——“遍及”义。우형식(1996)认为“-을/를”有[+全面性]特征，指起点到终点的整个过程，处格标记“-에서”具有[-全面性]特征。우형식(1996)将位移事件与各种格标记的关系图示如下：

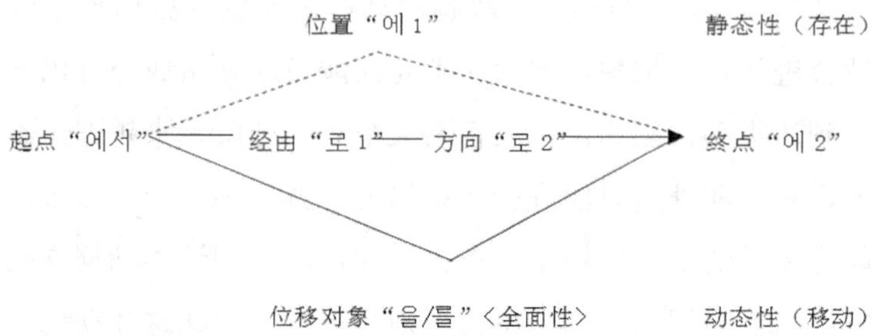

图52

如：

(5) a. 벽에/을 칠하다.
(在墙上刷涂料/刷墙。)
b. 벽에/*을 한 줄 칠하다.
(在墙上刷一条线。)
(6) a. 온 벽에 다 칠하다.
(在整面墙上刷涂料。)
b. 온 벽을 다 칠하다.
(刷整面墙。)

从例(5)、(6)可以看出，只要句中不出现“한 줄(一条线)”等表示部分的修饰成分，处所成分既可以与“-에”组合，也可以与宾格标记“-을/를”组合。前者主要用来表示空间处所的某一部分，后者指整个空间处所。因此，当句中出现表示部分的修饰词，则会排斥宾格标记“-을/를”。如果用宾格标记，句中则常出现“온(整个)”、“다(都)”等

凸显“遍及”义词汇。

再如：

(7) a. 시장을(*에서) 다 돌아다녔다.
(逛遍市场。)
b. 온 마을을(*에서) 헤매고 있다.
(在村子里徘徊。)

当实体遍及某个空间时，事物性会增强，空间性会被减弱。因此当句中出现表遍及义的“온(整个)”、“다(都)”等词汇时，处所成分不宜与处格助词“-에서”组合，反而可以与“-을/를”组合。

综上所述，朝鲜语趋向动词、移动方式动词等支配的处所成分，既可以带位格助词“-에”、处格助词“-에서”也可以带宾格标记“-을/를”，但二者并非平行替换。带“-을/를”的动词常与“遍及”义词汇共现，这是提高事物性的一种句法表现。正如一个空间被某个实体所填满，就会易于整体把握，对空间也无需再进行次第扫描，因此可以像感知事物一样进行总括扫描。这种对空间的认知方式反映在语言层面，表现为处所成分带宾格标记，弱化空间性、凸显事物性。

2. 上述移动方式动词，即泛方向动词都是不及物动词，这些动词所涉及的空间表示“持续空间”。如果一个不及物动词支配的处所成分表“非持续空间”，即表示动作有起止，则不能升格作宾语。如：

(8) a. *바닥을 눕다.
b. ?躺地板。
c. *바닥 위를 눕다.
d. 躺地板上。

(9) a. *바닥을 떨어지다.

b. ?掉地板。

c. *바닥 위를 떨어지다.

d. 掉地板上。

从例(8)、(9)可以看出，与“눕다(躺)”、“떨어지다(掉)”等有起止义的位移动词共现的处所成分不能升格作宾语。汉语“不及物动词+宾语”结构，因受动宾形式的控制，接近于“动作行为——‘客体’”。(郭继懋 1999) 和朝鲜语不同的是，这些处所宾语后面可以加“里、上”等空间标记来激活其空间性。

再看下例：

(10) a. 시장을 다 돌아다니다.

b. 逛遍市场。

c. 시장 안을 다 돌아다니다.

d. *逛遍市场里。

(11) a. 그는 온 동네를 맴돌고 있다.

b. 他在转整个小区。

c. 그는 온 동네 안을 맴돌고 있다.

d. *他在转整个小区里。

例(10)、(11)中动作所涉及的空间为“持续空间”，句中遍及义词汇的出现增强了事物性，弱化了空间性。此时朝鲜语和汉语的处所论元都升格作了宾语，但朝鲜语仍可以加空间标记词(方位词)，而汉语则不可以。

(12) a. 서재에서 (책을) 정리하다. ↛ 서재를 정리하다.

b. 在书房整理(书)。↛ 整理书房

c. 서재 안에서 (책을) 정리하다. ↛ 서재 안을 정리하다.

d. 在书房里整理(书)。↛ *整理书房里。

虽然例(12)中的“정리하다/整理”是非移动方式动词，是及物动词，该动词表示的动作遍及整个空间，该类动词还有“청소하다/打扫、뒤지다/翻”等。例(12)中的变换式将原句式中的受事宾语隐去，将其让给处所成分。这种变换是不成立的，因为处所名词是转指处所内部的所有事物。也就是说，书房里不仅有书还可以有其他事物，而原句式中“整理的只是书房里的书”。不管能不能变换，“整理”类动词后面升格作宾语的处所成分，事物性强、空间性弱。此时，朝鲜语仍可以带空间标记词(方位词)，汉语则不能，如例(12)c、d。

通过以上分析可以看出，朝鲜语不管空间性强还是弱，只要处所名词带宾格标记，就可以加空间属性标记(方位词)，它在处所宾语中隐现比较自由。而汉语空间属性标记(方位词)的隐现相对严格，只有当空间性强时可以由标记激活处所成分的空间关系。

二、汉语处所论元升格条件及空间标记的作用

宾语位置，并非处所角色典型的句法位置，因此汉语大部分处所成分不能直接出现在动词后做宾语。而即便出现在宾语位置，其空间性也会被减弱。如对“吃食堂”中的“食堂”，有处所宾语、方式宾语、转喻的受事宾语等不同的看法。之所以有不同的看法，是因为它不典型。

以往研究对处所宾语主要采取语义标准、提问方式(“V+哪儿”)、

通过变换格式等角度进行界定。(朱德熙 1982，李临定 1990) 储泽祥(2004b) 指出仅仅用“V+哪儿”提问来判别处所宾语的不足，提出用双层形式标准来判断处所宾语，即应该先看能否用“V+哪儿”提问，然后再看能否变换成相关的句法格式。储泽祥采取的句式变换的操作方法是以原句式和变换式中的论元的语义角色不发生改变为前提。而问题是，表层句法结构会不会反作用于语义角色，即不同句式中、不同句法位置的名词性成分的语义角色是否真的不发生变化？任鹰(2000)、张伯江(2009)等认为，句法位置的变换常常伴随语义角色的转换。动词后的名词性成分，不管是不是典型的受事，都或多或少带有一定的受事性。即，原句式和变换式并不会完全一致，有的变换之后会发生语义角色的转变。因此，通过变换式判断宾语的语义角色是值得商榷的。

我们认为，原句式与变换式中的名词，其语义并不一定完全一样。换言之，宾语位置的处所成分具有“事物性”和“空间性”双重属性。

一个句式就是一个“完形(Gestalt)”，即一个整体结构。“完形心理学”的一条重要原理就是整体大于部分之和，所以一个成分在不同的句式中自身的语义特征会或被凸显或被抑制。徐靖(2008)指出，处所名词都带有一定的事物性和处所性，根据不同的句式这些属性会得到实现或受到抑制。如下表：

表17　句式与事物性、处所性

	“在LV”的L	“VL”的L
处所性	↑	↓
事物性	↓	↑

动宾结构和介词结构分别为两种不同的句法形式，介词结构凸

显名词的空间性，动宾结构凸显名词的事物性。即，处所成分从处所格升格为宾格，在这个过程中其空间性会被减弱。如：

(13) a. 逛商场。

b. 在商场里逛。

(14) a. 逛遍商场。

b. ？在商场里逛遍。

例(13)中的a和b并不是平行变换，从句法位置上看，例(13)a的"商场"在宾语位置，宾语位置的论元常规语义角色是受事。这种句式的抑制或干扰，导致句中的"商场"的事物性增高，常以整体来感知宾语位置的处所义成分，即总括扫描该成分，因此可以与遍及义词汇共现。例(13)b的"商场"与介词组合做状语，空间性强。该句式是次第扫描的结果，因此排斥与遍及义词汇共现。

可见，不同的句法位置确实可以凸显或抑制实体的空间性，因此句法位置可以视为表达空间概念的隐性手段。

那么，当凸显空间属性的显性手段(方位词)与隐性手段(句法位置)对某个名词，哪个会起主导作用，即凸显或抑制其空间性呢？二者竞争的结果主要还是与名词本身的语义有关，如典型的处所词本身空间性具足，都无需用方位词与之组合表示空间，因此越不典型越需要借助方位词来凸显其空间方位。储泽祥(2010：89-90)将典型处所词到典型事物名词之间分成6组。其中"办公室、警察局"等属于典型的处所词，这些词不管在哪个句法位置都可以不借助方位词等空间标记词凸显其空间性。反过来，典型事物名词就根据不同句法位置，必须要加方位词等空间标记词来凸显其空间性，或者有些句法位置（如宾语位置）会排斥空间标记词的出现。

在汉语中，有些动宾结构中的名词的空间性到底有多强，我们可以通过方位词等显性标记去检验。即，可以用“里”等方位词来激活空间性的就可以视作处所宾语或非典型处所宾语，不能被激活的就不是处所宾语。如：

（15）a. 工资全部存银行。→工资全部存银行里。

b. 钻被窝。→钻被窝里。

（16）a. 剩下的菜放冰箱吧。→剩下的菜放冰箱里吧。

b. 在那儿放冰箱吧。→在那儿放冰箱里吧。

（17）a. 整理房间。→*整理房间里。

b. 翻箱子。→*翻箱子里。

（18）a. 放箱子。↛放箱子里。

b. 挑水桶。↛挑水桶里。

例（15）的“银行”、“被窝”带方位词与否，其语义角色都不变，是典型的处所宾语。例（16）a、b的“放冰箱”根据语境语义关系会发生变化。例（16）a中的“冰箱”是处所宾语，例（16）b是受事宾语。例（17）中“房间”、“箱子”都不能带方位词，也是受事宾语。这类动宾结构的宾语是转喻的结果，即容器转喻容物。（任鹰 2000，王占华 2000）“整理房间”就是“整理房间里的东西”，“翻箱子”是“翻箱子里的东西”，因此这类动宾结构中的宾语应处理为受事，亦即这类宾语空间性弱、事物性高。例（18）中的宾语要求添加方位词才能凸显其空间性，如不带方位词论元角色会发生变化，只能充当受事宾语，即具有强事物性、无空间性特征。

通过例（15）～（18）中对空间标记词的依赖程度不同可以看出，

同样的动宾结构，宾语的空间性有强有弱。句法位置对空间性的抑制作用，可根据处所词的典型与否、空间标记词(方位词等)的使用与否而定。

第二节 句法位置与方位词的隐现

上文通过处所成分的升格谈到句法位置对空间性的凸显与抑制作用，在抑制或凸显过程中会自然涉及到空间标记词(方位词)的隐现。下面我们继续考察汉语和朝鲜语的其他句法位置中空间标记词(方位词)的隐现情况。

一、句首“N+方位词”中方位词的隐现

“N+方位词”在句首不一定是主语，根据其事物性还有词汇化程度，句法成分有可能是主语也有可能是状语。

首先看出现在汉语存现句句首的情况：

(19) a. 办公室里有一张桌子。

b. 办公室有一张桌子。

(20) a. 一个单元里有20户人家。

b. 一个单元有20户人家。

(21) a. 橱柜里有他的杯子。

b. *橱柜有他的杯子。

(22) a. 钱包里有美元。

b. *钱包有美元。

例(19)a~例(22)a中"办公室"、"单元"、"橱柜"、"钱包"是"一张桌子"、"20户人家"、"他的杯子"、"美元"所在的处所，表示存在关系。而例(19)、(20)中的方位词可以省略，但例(21)、(22)则不可以。可见，汉语句首的方位词省略与否，与N是否为典型处所词有关，即句首"N+方位词"中N为非典型处所词或事物名词时不能省略方位词，因为普通事物名词本身事物性强、空间性弱，如果以存在处所出现，必须由方位词激活其空间性。因此，汉语光杆形式普通事物名词不能出现在存现句句首。

再看非存现句的情况：

(23) a. 教室里在上课。(朱德熙 1982)

b. *教室在上课。

(24) a. 大厅里跳着舞。(陆俭明 1999)

b. *大厅跳着舞。

上例中的"教室里"、"大厅里"和存现句中的"N+方位词"不同，之所以能在非存现句里出现，且主语又补不出来，是因为它们转指这个处所内的人或行为主体。如例(23)中的"教室里"是指"教室里的人"，是容器转喻的结果。

再看朝鲜语的情况：

(25) a. 사무실 안에 책상이 있다.

(办公室里有一张桌子。)

b. 책상이 사무실 안에 있다.

(桌子在办公室里。)

朝鲜语跟汉语不同，语序不会影响名词的空间性。因为朝鲜语里名词的句法身份直接用助词来标识。名词做处所论元主要由处格助词或位格助词来赋元（role assignment）。如，例（25）a、b两句虽然"N+안"一个出现在句首、一个出现在句中，但两句语义基本相同。

汉语"N+方位词"出现在句首，如果补不出主语，大多是处所主语或话题。朱德熙（1982）将"教室里在上课"等结构中的"N+方位词（里）"视作处所主语，有的学者则把句首的"N+方位词"处理为状语。句中没有出现施事等主语，且"N+方位词"结构在句首不带介词这样的题元标记时，确实很难说"N+方位词"结构是主语还是状语。但可以肯定的是，存现句中的"N+方位词"是处所主语，还有通过转喻可以转指施事的"N+方位词"结构也是主语。至于其他句式中句首位置的"N+方位词"结构，不管充当什么句法成分，我们都可以将它看作是话题。

朝鲜语作话题，有相应的话题标记"은（는）"，存现句中的"N+方位词"不能直接带话题标记，如：

（26）a. *사무실 안은 책상이 있다.
　　b. 사무실 안에는 책상이 있다.
　　c. 사무실에는 책상이 있다.
　　（办公室里有一张桌子。）
（27）a. *찬장 안은 그의 컵이 있다.
　　b. 찬장 안에는 그의 컵이 있다.
　　c. 찬장에는 그의 컵이 있다.
　　（橱柜里有他的杯子。）

从例（26）、（27）看出，朝鲜语"N+方位词"在句中做话题，必须

要加格助词"-에"。只有当"-에"后加话题标记时才可以省略方位词，如例(26)c、(27)c。朝鲜语有别于汉语，N不管它是典型处所词(사무실)还是普通事物名词(찬장)，做处所话题时都要求位格助词或处格助词等标记强制出现，方位词则只要带这些格助词就可以省略，因为朝鲜语方位词只有语义功能，语法功能主要由格助词承担。不过，也有朝鲜语句首处所词后面不带位格助词等，而是直接带话题标记的情况。如：

(28) a. *병실에는 아주 조용하다.
b. 병실은(이) 아주 조용하다.
(病房很安静。)
(29) a. *대합실에서는 사람들로 북적인다.
b. 대합실은(이) 사람들로 북적인다.
(候车室人山人海。)

例(28)、(29)是属性谓语句。例中的"병실(病房)"、"대합실(候车室)"虽是处所词，但在句中它们并不是主体活动的处所；"병실(病房)"、"대합실(候车室)"是谓语描述的"对象"，因此兼有处所、对象双重语义色彩。因此排斥位格、处格助词出现，反倒可以替换成主格标记。这类句中处所词后头可以带方位词，可见属性谓语句中的处所词既有空间性又有事物性。如：

(30) a. 병실 안은 아주 조용하다.
b. 대합실 안은 사람들로 북적인다.

再看汉语属性谓语句：

（31）a. 病房（里）很安静。
　　b. *在病房里很安静。
（32）a. 候车室（里）人山人海。
　　b. *在候车室里人山人海。

汉语情况与朝鲜语类似，句首“N+方位词”也是谓语描述的对象，因此空间性弱，不能用“在”给N赋元让它做处所论元。这类句子可以不带方位词，但并非所有表状态的谓语句中都可以省略。如：

（33）a. 仓库（里）放满了货物。
　　b. 仓库里放着50箱货物。
　　c. *仓库放着50箱货物。
（34）a. 창고 (안)은 화물로 가득 차 있다.
　　b. *창고 안은 50상자의 화물이 있다.
　　c. 창고 (안)에는 50상자의 화물이 있다.

从例（33）、（34）可以看出，汉语和朝鲜语句首处所词在[+满]的状态句中可以省略方位词，而如果不是[-满]的状态句则不能。因为当一个空间被某物充满时，其空间性会减弱、事物性凸显。就像一个杯子中如果牛奶倒的越多，牛奶的显著度就会越高。而表示[-满]的状态时，汉语则不能省略方位词。朝鲜语的情况比较复杂，[-满]的状态朝鲜语可以省略方位词，不能省略位格助词“-에”。

形容词作谓语的属性谓语句和动补结构“V满”作谓语的状态句，对句首处所成分的空间性有不同程度的影响，如：

(35) a. 杯子里很干净。

b. 杯子很干净。

(36) a. 杯子里倒满了果汁。

b. *杯子倒满了果汁。

可见，当谓语表示一种性质时，被描述的实体的空间性最低，因此可以省略空间标记词(方位词)；而表示一种[+满]状态时它的空间性要相对高一些，不能省略空间标记词(方位词)。

二、定语中方位词的隐现

1.“领属”可分为空间性领属和非空间性领属。非空间性领属关系，如“农民的朴实”、“牛奶的营养价值”等；空间性领属关系，如“人事处(的)处长”、“橱窗的玻璃”等。(储泽祥 1997a) 空间性领属定语，可根据语义关系的松散程度还可以进行分类。如：

(37) a. 桌子(*里)的腿儿

b. 책상 (*안)의 다리

(38) a. 衣柜(*里)的把手

b. 옷장 (*안)의 손잡이

(39) a. 闹钟(里)的电池

b. 알람 (속)의 배터리

(40) a. 打印机(里)的硒鼓

b. 프린터 (안)의 토너

从认知上来说，“桌子/衣柜”和“腿儿/把手”、“闹钟/打印机”和“电池/硒鼓”都可以构成整体和部分关系。但前者语义关系紧密，后者相对松散。可见，语义关系紧密，会排斥方位词。

值得注意的是，有些空间性定语中须带方位词才能作N的定语，如：

(41) a. 冰箱里的氟利昂
　　 b. 냉장고 안의 프레온
(42) a. 冰箱的氟利昂
　　 b. 냉장고의 프레온
(43) a. 冰箱里的鸡蛋
　　 b. 냉장고 안의 계란
(44) a. *冰箱的鸡蛋
　　 b. ?냉장고의 계란

上例“冰箱里的氟利昂/냉장고 안의 프레온”中的方位词可以省略，“冰箱里的鸡蛋/냉장고 안의 계란”中的方位词则须必现。这种差异是由“冰箱”和“氟利昂”、“冰箱”和“鸡蛋”的语义关系不同所致。二者都构成容器图式，但具体而言“冰箱”和“氟利昂”是构成关系，是“不可让渡”的；“冰箱”和“鸡蛋”是占有关系，是“可让渡”的。构成关系是恒久的、稳固的、易于辨识的、已知的；而占有关系是临时的、不易辨识的、未知的。因此，表示占有关系的空间性领属定语中不能省略方位词。

诸多语言的形式构造受距离象似动因的触动，即语言成分之间的距离反映了所表达的概念成分之间的距离。(Haiman 1983，引自张敏 1998：222）朝鲜语和汉语亦同样遵循Croft（1990）提出的关于语义和概念距离的蕴含性普遍特征。如下：

如果某个语言有两个语义相近的构造，其结构在语言距离上有所区别，则它们在概念距离上也有平行的区别。

语义关系越紧密就会越排斥方位词等空间标记词出现在定语和名词之间，语义关系越松散则越需要出现，体现了语言形式背后距离象似关系的驱动。

2. 在普通话中，除了词汇化了的惯用语（“房中术、心里话”）以外，“N+方位词”作定语，须带领属关系标记“的”，但方言中却有方位词虚化为结构助词的现象。如岳西话中的“底”是由方位词转化而来，“N_1底N_2”里N_1由空间位置到空间属性及空间领属的变化，触发了“底”由方位词向结构助词的转化。（储泽祥 2002）如“锅底饭”中的“底”表空间属性，“水底蛇”中的“底”表空间领属，“塑料底桶子”中的“底”表纯属性。河南话中身兼定语标记的“里/哩”来自方位词“里”。河南话中的“里”语法化程度比较高，可以在其他方位后置词后头起定语标记作用。（陈玉洁 2007）“N+方位词+N”中方位词的居中位置提供了方位词向领格助词虚化的形式条件。如：

(45) a. 她里以上比你里好看。（陈玉洁 2007）

b. 树上里（柿子）你摘完吧。（陈玉洁 2007）

朝鲜语“N+方位词”可以直接修饰核心名词，出现在定语标记的位置。如：

(46) a. 방 안 풍경을 둘러보다.（《표준국어대사전》）

b. 딸랑대는 주머니 속 동전들.(《표준국어대사전》)

方位词“안/속”虽然出现在领属标记的位置，但仍具有很强的空间义，指示事物存在的位置，适用范围有限，没有发展为定语标记。朝鲜语方位词处于中介位置③，容器标记具有虚化为结构助词的可能性，但并不意味着一定会虚化为结构助词。

③ 从类型学的角度看，介词(广义的介词，包括方位词)的首要功能是介引NP给VP，至于PP作定语时，恰好位于中介位置的介词是否兼作定语联系项，则因语言而异，如英语的前置词兼作定语联系项，日语则不兼，作定语的后置词短语后需另加定语标记no。(刘丹青 2004：223)

第六章　汉、朝方位词与附置词的关系

第一节　语言类型与空间关系表达式

汉语和朝鲜语是既有附置词(adposition，包括介词、格助词)又有方位词的语言。英语是附置词型语言，介词本身包含方位义，这也是英语里介词数量多且分工细的主要原因。像汉语、朝鲜语这种有方位词的语言，具体的空间关系主要由方位词来表达，介词/格助词本身不能表达具体的空间关系。

汉语和朝鲜语空间关系表达形式主要有：

汉语：

介词+名词+方位词：在图书馆里看书

介词+名词：在图书馆看书

名词+方位词：图书馆里很安静

朝鲜语：

名词+方位词+格助词：도서관 안에서 책을 본다

名词+格助词：도서관에서 책을 본다

再看维吾尔语、日语和泰语的表达形式：

维吾尔语：

名词+方位词+格标记：Baʁʧi-niŋ iʧ-i-dɛ sɛjlɛqil-ivat-idu.

公园-第三人称未完成时 里-第三人称所属-时位格 散步-持续体-第三人称未完成时

(在公园里散步)

名词+格标记：Baʁʧi- da sɛjlɛqil-ivat-idu.(在公园散步)

公园-时位格 散步-持续体-第三人称未完成时

日语：

名词+方位词+格助词：Tosyokan-no naka-de hon-o yomu(在图书馆里看书)

图书馆-属格 里-处格 书-宾格 读

名词+格助词：Tosyokan-de hon-o yomu(在图书馆看书)

图书馆-处格 书-宾格 读

泰语：

介词+方位词+名词：an^{33}naŋ^{33}sɯ^{33} ʑu^{31} nai^{33} xɔŋ^{53}sa^{31}mut^{31}

读 书 在 里 图书馆

(在图书馆里看书)

介词+名词：an^{33}naŋ^{35}sɯ^{35} thi^{53} xɔŋ^{53}sa^{31}mut^{31} (在图书馆看书)

读 书 在 图书馆

从表达形式来看，汉语有三种形式，朝鲜语、维吾尔语、泰语有两种形式。仔细观察会发现，汉语多一种“名词+方位词”形式，朝鲜语、维吾尔语、日语、泰语无这种表达形式。而且这几种语言附置词(介词/格助词)、方位词和名词的排列顺序也不一样。汉语介词和方位词在名词的两端，朝鲜语、维吾尔语、日语、泰语的名词后面加方位词，附置词在最外围。值得注意的是，像朝鲜语、维吾尔语、日语、泰语等方位词和格标记紧挨在一起的语言，普通名词后的方位词只在语义需要时使用，如果语义不需要格标记足以介引方所题元。

第二节　汉、朝方位词词类地位

方位词的词类地位和归属问题在汉语学界一直有争议。基本上有三种不同的观点。一是将方位词作为独立的词类。持这种观点的主要有吕叔湘(1979)、朱德熙(1982)和郭锐(2002)，认为方位词是与名词、处所词、时间词等平等的体词。二是将方位词看作名词的次类。持这种观点的主要有丁声树(1961)和刘月华(2001)，他们认为方位词可以作处所成分和时间成分的构成部分或者也可以单用。三是将方位词视作名词的附类。所谓附类是说它带有一定的虚词性，即不得单独作词使用，而是要附着在名词后面，构成表示处所或者时间的名词，其性质近于助词，持这种观点的主要有张志公(1957)，文炼、胡附(2000)。文炼、胡附(2000)进一步指出，方位词可以单用，单用时的功能同于名词。但方位词经常附着于别的词语，构成方位短语，这时的作用接近于介词。而汉语传统语法中的介词是前置的，所以将介词称作前置词(preposition)，方位词是后置的，所以又称作后置词(postposition)。刘丹青(2003)将方位词称之为后置词，跟前置词一起归为介词(adposition)。尽管汉语语法学界对方位词性质及词类地位看法不一样，但对方位词至少有一个共同的认识，就是现代汉语方位词有不同于一般名词的语法功能，需要跟一般名词予以区别。

汉语学界对方位词词类归属之所以有不同的观点，是因为方位词内部的功能是非均质的，即便是同义方位成分，其功能也并不相同。如“里”、“中”、“内”，“里”和“中”的虚化程度远比“内”要高，“中”甚至具有体标记功能。还有“上”和“下”的搭配功能上表现出的不对称现象都反映方位词语义、句法功能的非均质性。

朝鲜语学界倾向于将方位词归入名词的次类，但有不同的叫法，如“位置词”(홍종선 1992)、“空间概念词”(박경현 1988)、“空间名词”(임지룡 1980，김선희 1987，민현식 1999)等。朝鲜语学界也有人将方位词视为后置词的一类，如H.G.Underwood(1914：73-86)将后置词分为单纯后置词和复合后置词。他将朝鲜语方位词列入复合后置词中，如“아래에、속에、후에、전에”。后来G. J. Ramstedt受H. G. Underwood影响，在A Korean Grammar(Helsincki 1939：36)中将后置词分为名词性和动词性后置词，也将朝鲜语方位词以复合形式列入名词性后置词中。이승욱(1973：107-114)认为后置词“속에”、“밑에”等形态处于实词和虚词之间，归入后置词。이성하(2004)、목정수(2013)、고영근(2012)指出复合后置词中“속”等属于词汇后置词(lexical postposition)，“에”属于功能后置词(functional postposition)。

최경봉(1998)把与空间义有关的名词分成了指示代名词(“이디”等)、地点专有名词(“서울”等)、空间事物名词(“길、집”等)、方位名词(“앞、위”等)、黏着方位词(又称依存名词，“데、쪽、편”等)，他注意到了部分空间义形式的黏着用法，将它们定性为依存名词，而“앞、위”等仍视作方位名词。유혜원(2008)基于최경봉(1998)的分类，考察了方位名词“앞、위”等在名词短语中的句法功能，主要对它们在句中的独立用法进行了考察。

홍사만(1976)认为朝鲜语方位词介于自由与黏着之间，既不像自由名词独立，又不像助词类依存形式黏着，他将朝鲜语方位词定性为准自由形式。

从功能的角度专门考察朝鲜语方位词主要见于이영제(2014)，他主张方位词应归入依存名词中。认为"앞、위"等方位词在表示"状况"、"条件"、"环境"、"结果"、"范围"等抽象概念时不能省略前面的NP，证明方位词的依附性。该文并没有探讨朝鲜语方位词在表达具体空间方位义时也存在强制性的一面。

总而言之，关于朝鲜语方位词的归属问题出现这种争议的主要原因，是因为朝鲜语方位词兼自由和依存两种功能为一身。我们不能因为方位词的独立、自由的功能而忽视它作为标记词的词类地位。

第三节　汉、朝方位词的语义、语法功能差异

朝鲜语根据实体的典型性，不管是处所词还是普通事物名词，朝鲜语的方位词都可以自由隐现。汉语的方位词则不同，只在处所词后面可以隐现，普通事物名词后面则要必现。上古汉语表达空间关系时是否带方位词主要取决于语义需要。如先秦时期介词"在"、"于"所带的名词性成分不分处所词和普通名词，都可以不带方位词。① 如：

① 在先秦汉语中，方位词的虚化程度还不深，往往只需在真正需要明确表明具体方位时，才使用方位词，没有句法上的强制性，即只有语义动因没有句法动因。(刘丹青 2004：130)

(1) a. 鸤鸠在桑。(《诗经・曹风・鸤鸠》)

b. 自投于床，废于炉炭。(《左传・定公三年》)

而朝鲜语从14世纪到现代，方位词的用法基本没有变化。我们通过14—17世纪高丽、朝鲜人学习汉语的会话书——《老乞大谚解》、《朴通事谚解》的各种版本中可以看到，朝鲜语方位词在处所词、普通事物名词后面都可以隐去。如：

(2) a. 我在汉儿学堂里学文书来。(《翻译老乞大》)

내 되 당학의셔 글 비호라.

b. 我在中国人学堂里学书来着。(《老乞大新释谚解》)

내中國ㅅ 사람의 학당에 이셔 글을 비호롸.

(3) a. 众学生的姓名都这般写着，一个签筒里盛着。(《老乞大》)

b. 모든 선븨 일후믈 다 이리 써 한 사셜통에 다마…(《翻译老乞大》)

c. 모든 學生의 일흠을 다 一樣으로 써 한 사슴통에 녀허 담아…(《老乞大新释谚解》)

(4) a. 去那有名的花园里……(《翻译朴通事》)

뎌 일훔난 회원의 가…

b. 뎌 有名한 花園에 가…(《朴通事谚解》)

(5) a. 早起饭里咬了一块啥子……(《朴通事谚解》)

아침밥에 한덩이 모래를 므러떠니…

b. 아침 그 밥에 내 한 덩이 모래를 무니…(《朴通事新释谚解》)

现代汉语与上古汉语不同，方位词不仅要满足语义需要，有时还要满足句法需要，即既有语义功能又有语法功能。句法范畴的特点是即使语义上不必出现时句法上仍要求出现，形成某种使用的强制性。(刘丹青 2004：164）方位词的句法强制性主要表现在，当一个普通事物名词充当“在”的宾语时，方位词必须要出现才能表达方所论元。(储泽祥 2010）方位词的句法强制性与虚化程度也有关。汉语方位词虚化程度较高②，朝鲜语方位词虚化程度较低，大部分方位词未虚化。主要有以下表现：

1. 汉语方位词单用能力差③，朝鲜语方位词则仍可以单独作句法成分。如：

(6) a. *进了房间，里很脏。

b. 방에 들어왔는데 안이 너무 더러웠다.

2. 汉语方位词所能搭配的词汇范围逐渐扩大，汉语方位词可以与名词、形容词、动词等搭配使用，朝鲜语方位词也可以与名词、形容词、动词等搭配，但仅限于汉字词方位词“중”。汉语方位词“中”和北京话“里”经历了从(方位)关系名词到准体标记、动词附缀④的虚化过程，而朝鲜语大部分方位词更接近于作关系名词。

3. 各方位词之间的语义差别缩小，可以通用，也是方位义弱化的表现。如：

(7) a. 心里—心上、手中—手上、地上—地下

b. 마음속—*마음 위、손안≠손 위、땅 아래≠땅 위

② 汉语方位词内部成员虚化程度并不均衡，“里”、“上”的虚化程度较高。

③ 汉语方位词内部并不是同质的，“里头、里面”等方位词还保留较强的名词性，可以单独使用。

④ 据Hopper and Traugott(1993)，介词的发展在很多语言中经历以下虚化过程(方梅 2003)：

关系名词—次要介词—主要介词—附缀

这表明汉语具体空间指别作用弱化，因此方位词间可以互换，朝鲜语方位词则仍具有较强空间指别作用。

4. 语音上出现读轻声、音素脱落等现象。

汉语方位词“里”等方位词从方位名词虚化到后置词乃至附缀等句法成分的过程中，语音上也发生了音变现象。北京话的“里”经历了从具体词项到附缀的语法化历程：作为具体词项，有具体的词汇意义，有完整的字调；作为关系词，词汇意义减弱，可以读成轻声；作为附缀，词汇意义极弱，必须读成轻声。（方梅 2003）常州话后置词“里”元音央化，读[ləʔ]；山东博山话后置词“里”剩下一个轻声的央元音[ə]。（刘丹青 2004：158）

朝鲜语方位词只满足语义需求，是语义功能标记。汉语方位词既是语义功能标记又是语法功能标记。两种语言语义功能、语法功能负荷量是不同的。汉语方位词的功能大于朝鲜语方位词的功能，朝鲜语方位词常可隐去不用，由格助词引介方所成分，而汉语方位词常需要强制出现，但这并不意味着汉语的方位词等于朝鲜语的格助词。

第四节 汉语介词和朝鲜语格助词的分布与方位词的隐现

汉语介词、方位词和朝鲜语格助词、方位词的语义抽象度都不相同。这与两种语言结构类型的不同相关。

从排列顺序看，由于汉语的介词和方位词分别位于名词的两端，“介词+名词+方位词”结构中，介词和方位词各有不同的范域(domain)。比如“在箱子里”是“箱子”和“里”先组合，“箱子里”再和介词组合。朝鲜语是“名词+方位词+格助词”，方位词紧跟在名词后面，格助词在最外围。朝鲜语名词先和方位词组合，然后再和格助词组合。

汉语和朝鲜语在指定范域时抽象度高的介词、格助词的范域大于抽象度低的方位词。而汉语介词和方位词在名词的两端，因此即便是介词的抽象度高于方位词，也不能直接管辖方位词。朝鲜语方位词则在格助词的前面，直接受格助词的管辖。如：

这种不同的分布有可能导致两种语言方位词只具有语义功能或者兼具语义、语法功能。崔健(2007)指出，汉语的这种分布结果，使方位词的语法功能得以加强，为方位词兼有语义功能和语法功能提供了可能性和条件。而朝鲜语里抽象度高的格助词，因为紧靠方位词，有可能涵盖前面的方位词的语义功能，这就为方位词的隐现提供了结构上的条件。

参考文献

汉文文献

[1] 贝罗贝，曹茜蕾．汉语方位词的历时和类型学考察[G]．//语言学论丛：第五十辑．北京：商务印书馆，2015．

[2] 伯纳德·科姆里．语言共性和语言类型[M]．沈家煊，罗天华，译．北京：北京大学出版社，2010．

[3] 蔡永强．汉语方位词及其概念隐喻系统[M]．北京：中国社会科学出版社，2010．

[4] 陈昌来．介词与介引功能[M]．合肥：安徽教育出版社，2002．

[5] 陈平．现代语言学研究：理论·方法与事实[M]．重庆：重庆出版社，1991．

[6] 陈前瑞．汉语体貌研究的类型学视野[M]．北京：商务印书馆，2008．

[7] 陈忠．汉语时间结构研究[M]．北京：世界图书出版社，2009．

[8] 储泽祥．现代汉语方所系统研究[M]．武汉：华中师范大学出版社，1998．

[9] 陈振宇．时间系统的认知模型与运算[M]．上海：学林出版社，2007．

[10] 储泽祥. 汉语空间短语研究[M]. 北京：北京大学出版社，2010.
[11] 崔健. 朝汉范畴表达对比[M]. 北京：中国大百科全书出版社，2002.
[12] 崔健. 朝汉空间方位词的隐喻散论[G]//崔健语言对比论文集. 北京：北京语言大学出版社，2012：3-15
[13] 崔健. 朝汉背景处所的表达形式对比[G]//崔健语言对比论文集. 北京：北京语言大学出版社，2012：31-57.
[14] 崔健. 朝汉方位词的强制性和非强制性差异[G]//崔健语言对比论文集. 北京：北京语言大学出版社，2012：69-80.
[15] 崔健. 朝汉空间表达形式对比三题[G]//崔健语言对比论文集. 北京：北京语言大学出版社，2012：81-94.
[16] 崔希亮. 语言理解与认知[M]. 北京：北京语言大学出版社，2001.
[17] 崔应贤. 现代汉语定语的语序认知研究[M]. 北京：中国社会科学出版社，2002.
[18] 丁声树. 现代汉语语法讲话[M]. 北京：商务印书馆，1990.
[19] 方梅. 从空间范畴到时间范畴：说北京话中的"动词-里"[G]. 语法化与语法研究：一. 北京：商务印书馆，2003.
[20] 郭锐. 现代汉语词类研究[M]. 北京：商务印书馆，2002.
[21] 胡壮麟. 认知隐喻学[M]. 北京：北京大学出版社，2004.
[22] 胡裕树. 现代汉语参考资料[M]. 上海：上海教育出版社，1980.
[23] 李福印. 认知语言学概论[M]. 北京：北京大学出版社，2008.
[24] 李临定. 现代汉语句型[M]. 北京：商务印书馆，1986.

[25] 李云兵．中国南方民族语言语序类型研究[M]．北京：北京大学出版社，2008.

[26] 李向农．现代汉语时点时段研究[M]．武汉：华中师范大学出版社，1997.

[27] 林迪．汉语空间方位词的语用考察[G]．语言学论丛：十八．北京：商务印书馆，1993.

[28] 刘丹青．语序类型学与介词理论[M]．北京：商务印书馆，2004.

[29] 刘丹青．语法调查研究手册[M]．上海：上海教育出版社，2008.

[30] 刘清平．近义单双方位词比较研究：基于“里”类方位词的个案考察[M]．北京：光明日报出版社，2021.

[31] 刘月华．实用现代汉语语法[M]．北京：外语教学与研究出版社，1983.

[32] 陆丙甫．汉语的认知心理研究：结构范畴方法[M]．北京：商务印书馆，2010.

[33] 陆俭明．著名中年语言学家自选集：陆俭明自选集[M]．郑州：大象出版社，1999.

[34] 吕叔湘．现代汉语八百词[M]．北京：商务印书馆，1999.

[35] 吕叔湘．汉语语法论文集（增订本）[M]． 北京：商务印书馆，1984.

[36] 吕叔湘．中国文法要略[M]．北京：商务印书馆，1956.

[37] 马庆株．汉语语义语法范畴问题[M]．北京：北京语言大学出版社，1988.

[38] 马贝加．近代汉语介词[M]．北京：中华书局，2003.

[39] 孟琮，等．汉语动词用法词典[M]．北京：商务印书馆，1987.

[40] 齐沪扬．现代汉语空间问题研究[M]．上海：学林出版社，1999.

[41] 沈家煊．不对称和标记论[M]．南昌：江西教育出版社，1999.

[42] 沈家煊．著名中年语言学家自选集：沈家煊卷[M]．合肥：安徽教育出版社，2002.

[43] 沈家煊．现代语言学词典[M]．北京：商务印书馆，2007.

[44] 沈家煊．认知与汉语语法研究[M]．北京：商务印书馆，2009.

[45] 石毓智．语法化的动因与机制[M]．北京：北京大学出版社，2006.

[46] 束定芳．语言的认知研究：认知语言学论文精选[G]．上海：上海外语教育出版社，2005.

[47] 太田辰夫．中国语历史文法[M]．北京：北京大学出版社，1958.

[48] 王惠，朱学峰．现代汉语名词的子类划分及定量研究[G]．面临新世纪挑战的现代汉语语法研究．济南：山东教育出版社，2000.

[49] 王寅．认知语言学[M]．上海：上海外语教育出版社，2010.

[50] 王正元．概念整合理论及其应用研究[M]．北京：高等教育出版社，2009.

[51] 吴海波．构式：论元结构的构式语法研究[M]．北京：北京大学出版社，2007.

[52] 吴平．“NP+在+处所+VP”句式的逻辑语义分析[G]．2004年逻辑研究专辑．北京语言大学外国语学院，2004：5.

[53] 许慎．说文解字注[M]．段玉裁，注．上海：上海书店出版

社，1992.

[54] 徐烈炯、刘丹青．话题的结构与功能[M]．上海：上海教育出版社，1998.

[55] 张伯江．从施受关系到句式语义[M]．北京：商务印书馆，2009.

[56] 张伯江，方梅．汉语功能语法研究[M]．南昌：江西教育出版社，1996.

[57] 张敏．认知语言学与汉语名词短语[M]．北京：中国社会科学出版社，1998.

[58] 张旺熹．汉语语法的认知与功能探索[M]．北京：世界图书出版公司，2007.

[59] 张谊生．"V中"的功能特征及"中"的虚化历程[G]．语法研究和探索：十一．北京：商务印书馆，2002.

[60] 张斌．现代汉语描写语法[M]．北京：商务印书馆，2010.

[61] 张赪．汉语介词词组词序的历史演变[M]．北京：北京语言大学出版社，2002.

[62] 张志公．修辞概要[M]．上海：上海新知识出版社，1957.

[63] 赵亮．空间词汇系统的认知研究[M]．哈尔滨：黑龙江人民出版社，2008.

[64] 赵艳芳．认知语言学概论[M]．上海：上海外语教育出版社，2001.

[65] 周烈婷．汉语方位词"上(面)、里(面)"隐现条件的认知解释[G]．面临新世纪挑战的现代汉语语法研究．济南：山东教育出版社，2000.

[66] 邹韶华．方位词的定义、范围及"里"、"外"的不对称[G]．语用频率效应研究．北京：商务印书馆，2001.

[67] 志村良治．中国中世语法史研究[M]．北京：中华书局，1984.
[68] 朱德熙．语法讲义[M]．北京：商务印书馆，1982.
[69] 安家驹．关于“A在B中”句式的辨析[J]．辽宁师范大学学报，1980(2)：34-36.
[70] 蔡言胜．《世说新语》方位词研究[D]．上海：复旦大学，2005.
[71] 陈凡凡．语言习得中的主题突出特征：基于汉语物体空间关系表达的研究[J]．语言教学与研究，2010(1)：1-8.
[72] 陈满华．“机构名词＋里／上”结构刍议[J]．汉语学习，1995(3)：26-29.
[73] 陈平．试论汉语中三种句子成分与语义成分的配位原则[J]．中国语文，1994(3)：161-168.
[74] 陈玉洁．联系项原则与“里”的定语标记作用[J]．语言研究，2007(3)：69-75.
[75] 陈忠．“着”与“正”、“在”的替换条件及其理据[J]．语言教学与研究，2009(3)：81-88.
[76] 储泽祥．“满+N”与“全+N”朋[J]．中国语文，1996(5)：339-344.
[77] 储泽祥．名词的空间义及其对句法功能的影响[J]．语言研究，1997(2)：34-48.
[78] 储泽祥．现代汉语的命名性处所词[J]．中国语文，1997(5)：326-335.
[79] 储泽祥．动词的空间适应性情况考察[J]．中国语文，1998(4)：253-261.
[80] 储泽祥．“底”由方位词向结构助词的转化[J]．语言教学与研究，2002(1)：31-35.
[81] 储泽祥．汉语“在+方位短语”里方位词的隐现机制[J]．中国语

文，2004(2)：112-122，191.

[82] 储泽祥．处所角色宾语的判定及其典型性问题[J]．语言教学与研究，2004(6)：43-48.

[83] 储泽祥．汉语处所词的词类地位及其类型学意义[J]．中国语文，2006(3)：216-224，287.

[84] 崔健．韩汉空间标记词的“共用”和“通用”现象[J]．汉语学习，2006(6)：52-58.

[85] 崔希亮．汉语空间方位场景与论元的凸显[J]．世界汉语教学，2001(4)：3-11.

[86] 崔希亮．空间关系的类型学研究[J]．汉语学习，2002(1)：1-8.

[87] 戴浩一，叶蜚声．以认知为基础的汉语功能语法刍议：上[J]．国外语言学，1990(4)：21-27.

[88] 邓芳．方位结构“X中/里/内”比较研究[D]．广州：暨南大学，2006.

[89] 丁崇明，荣晶．汉语与南方少数民族语言在语法类型学上的部分共性特征[J]．思想战线，1997(3)：29-33.

[90] 丁崇明，荣晶．汉语与南方民族语言关系研究方法探析[J]．云南民族学院学报(哲学社会科学版)，1999(4)：77-82.

[91] 董成如．转喻的认知解释[J]．解放军外国语学院学报，2004(2)：6-9.

[92] 董为光．汉语时间顺序的认知基础[J]．当代语言学，2004(2)：110-115，189.

[93] 董秀芳．无标记焦点和有标记焦点的确定原则[J]．汉语学习，2003(1)：10-16.

[94] 董秀芳．整体与部分关系在汉语词汇系统中的表现及在汉语句

法中的突显性[J]．世界汉语教学，2009，23(4)：435-442．

[95] 董志翘．表示过程、状态持续的“中”及其来源[J]．日本研究，2012(3)：63-80．

[96] 方经民．现代汉语方位参照聚合类型[J]．语言研究，1987(2)：3-13．

[97] 方经民．汉语空间方位参照的认知结构[J]．世界汉语教学，1999(4)：32-38．

[98] 方经民．论汉语空间区域范畴的性质和类型[J]．世界汉语教学，2002(3)：37-48，3．

[99] 方经民．地点域/方位域对立和汉语句法分析[J]．语言科学，2004(6)：27-41．

[100] 方经民．现代汉语方位成分的分化和语法化[J]．世界汉语教学，2004(2)：5-15，2．

[101] 方振宇．基于语料库的汉字依存名词‘중(中)’与汉语方位词‘中’的对比分析[J]．中国朝鲜语文，2019(2)：19-20．

[102] 付琨．标记理论的介绍与应用[J]．汉语学习，2005(3)：35-41．

[103] 高桥弥守彦．是用“上”还是用“里”[J]．语言教学与研究，1992(2)：47-60．

[104] 高顺全．进行体、持续体的否定及相关问题[J]．世界汉语教学，2003(4)：32-39，3．

[105] 古川裕．外界事物的“显著性”与句中名词的“有标性”：“出现、存在、消失”与“有界、无界”[J]．当代语言学，2001(4)：264-274，317．

[106] 古川裕．〈起点〉指向和〈终点〉指向的不对称性及其认知解释

[J]. 世界汉语教学, 2002(3): 49-58, 3.
[107] 顾振立. 介词框架"在X中"考察[D]. 上海: 上海师范大学, 2008.
[108] 郭锐. 过程和非过程: 汉语谓词性成分的两种外在时间类型[J]. 中国语文, 1997(3): 162-175.
[109] 江蓝生. 处所词的领格用法与结构助词"底"的由来[J]. 中国语文, 1999(2): 83-93.
[110] 阚哲华. 汉语位移事件词汇化的语言类型探究[J]. 当代语言学, 2010, 12(02): 126-135, 190.
[111] 匡鹏飞. 时点和时段在前后分句共现的语义关系及复句对时点时段的制约[J]. 汉语学报, 2006(3): 78-84.
[112] 蓝纯. 从认知角度看汉语的空间隐喻[J]. 外语教学与研究, 1999(4): 7-15.
[113] 李福印. 意象图式理论[J]. 四川外语学院学报, 2007(1): 80-85.
[114] 李劲荣. 从认知图式看两种表领属关系的主谓句[J]. 安庆师范学院学报(社会科学版), 2004(5): 107-109.
[115] 李晋霞, 刘云. 从概念域看单音方位词语法化的非匀质性[J]. 语言科学, 2006(4): 3-13.
[116] 李向农, 张军. "V着V"结构的意义关系及结构中"V"的语义特征分析[J]. 华中师范大学学报(人文社会科学版), 2001(3): 109-115.
[117] 李向农. 现代汉语时间表达中的"特指时段"[J]. 语言教学与研究, 1995(2): 27-47.
[118] 李向农. 论现代汉语时点时段的功能类型[J]. 华中师范大学

学报(哲学社会科学版)，1997(2)：88-92，131.
[119] 李亚非．汉语方位词的词性及其理论意义[J]．中国语文，2009(2)：99-109，191.
[120] 李宇明．空间在世界认知中的地位：语言与认知关系的考察[J]．湖北大学学报(哲学社会科学版)，1999(3)：64-68.
[121] 李宇明．整体与部分同词现象及其认知理据[J]．汉语学习，2002(2)：31-33.
[122] 廖志鸿，储泽祥．现代汉语的准方位标[J]．常德师范学院学报(社会科学版)，2001(1)：98-100.
[123] 刘辰诞．“界”与有界化[J]．外语学刊，2007(2)：53-58.
[124] 刘丹青．汉语中的框式介词[J]．当代语言学，2002(4)：241-253，316.
[125] 刘丹青．汉藏语言的若干语序类型学课题[J]．民族语文，2002(5)：1-11.
[126] 刘丹青．汉语类指成分的语义属性和句法属性[J]．中国语文，2002(5)：411-422，478-479.
[127] 刘丹青．语言库藏类型学构想[J]．当代语言学，2011，13(4)：289-303，379.
[128] 刘街生．存在句的构成、理解和语用状态[J]．当代语言学，2009，11(3)：252-259，286.
[129] 刘清平．“里”、“里面(头、边)”的共时历时考察及方位词的双音化效应[D]．上海：华中师范大学，2011.
[130] 刘宁生．汉语怎样表达物体的空间关系[J]．中国语文，1994(3)：169-179.
[131] 刘伟．现代汉语方位词‘中’与韩国语‘중/가운데’对比研

究[J]. 中国学报，2019(87)：23-47.
[132] 陆丙甫，屈正林. 时间表达的语法差异及其认知解释：从“年、月、日”的同类性谈起[J]. 世界汉语教学，2005(2)：12-21，116.
[133] 陆俭明. 隐喻、转喻散议[J]. 外国语(上海外国语大学学报)，2009，32(1)：44-50.
[134] 吕琳琳. 浅析中日方位词“中”(なか)“上”(うえ)和“里”“上”[J]. 科学大众，2007(2).
[135] 吕兆格. 方位词“里”“外”的语义认知分析[J]. 濮阳职业技术学院学报，2005(4)：39-41.
[136] 林晓恒. 魏晋至唐基本方位词语义研究——兼论复合方位词的产生与发展[D]. 武汉：华中科技大学，2006.
[137] A.Sciullo，满在江.《形态学中的不对称》介绍[J]. 当代语言学，2009，11(4)：363-366.
[138] 聂亚宁. Beyond的中心：边缘意象图式和空间概念隐喻意义初探[J]. 外语与外语教学，2001(2)：36-38.
[139] 樊海燕，钱小飞. 现代汉语体词制约方位词隐现现象探讨[J]. 语文学刊，2008(1)：73-75.
[140] 齐沪扬. 现代汉语的空间系统[J]. 世界汉语教学，1998(1)：23-34.
[141] 邱斌. 古今汉语方位词对比研究[D]. 上海：复旦大学，2008.
[142] 任鹰. “吃食堂”与语法转喻[J]. 中国社会科学院研究生院学报，2000(3)：59-67，80.
[143] 任永军. 直线型空间维度词隐喻义认知分析[J]. 聊城大学学报(社会科学版)，2006(3).

[144] 邵敬敏．动宾组合中的制约与反制约关系：以“进NP”结构分析为例[J]．暨南大学华文学院学报，2004(1)：37-41.
[145] 邵秋芳．中韩空间隐喻表达方式对比研究[D]．上海：上海外国语大学，2009.
[146] 沈家煊．R.W.Langacker的“认知语法”[J]．国外语言学，1994(1)：12-20.
[147] 沈家煊．“有界”与“无界”[J]．中国语文，1995(5)：367-380.
[148] 沈家煊．类型学中的标记模式[J]．外语教学与研究，1997(1)：4-13.
[149] 沈家煊．转指和转喻[J]．当代语言学，1999(1)：3-15，61.
[150] 沈家煊．认知语法的概括性[J]．外语教学与研究，2000(1)：29-33，79.
[151] 沈家煊．语言类型学的眼光[J]．语言文字应用，2009(3)：11-13.
[152] 石定栩．关于“有标记”的歧解[J]．当代语言学，2006(1)：86-88.
[153] 石毓智．论汉语的进行体范畴[J]．汉语学习，2006(3)：14-24.
[154] 王灿龙．试论“在”字方所短语的句法分布[J]．世界汉语教学，2008(1)：35-48.
[155] 王晶．“外”的意象图式分析[J]．科教文汇(下旬刊)，2009(3)：247.
[156] 王萌．“里”类介词框架的句法、语义及隐现规律研究[D]．上海：上海师范大学，2006.
[157] 王荣．有界名词与无界名词概念组合的语义的取舍与突显[J].

语文学刊，2006(14)：111-113.

[158] 王霜梅．汉语定中短语转喻探微[J]．北方论丛，2005(5)：64-67.

[159] 汪维辉．方位词“里”考源[J]．古汉语研究，1999(2)：34-38.

[160] 王寅．标记象似性[J]．外语学刊(黑龙江大学学报)，1998(3)：51-56.

[161] 王占华．“吃食堂”的认知考察[J]．语言教学与研究，2000(2)：58-64.

[162] 文炼、胡附．词类划分中的几个问题[J]．中国语文，2000(4)：298-302，381.

[163] 魏本力，殷耀，陆蓉．处所介词短语的时空认知对应[J]．外语教学，2007(3)：16-19.

[164] 吴福祥．语法化的新视野：接触引发的语法化[J]．当代语言学，2009，11(3)：193-206，285.

[165] 魏本力．地点介词短语的时间变体功能[J]．外语学刊，2006(1)：34-37，112.

[166] 邢福义．方位结构“X里”和“X中”[J]．世界汉语教学，1996(4)：6-17.

[167] 熊学亮．语言的ICM和语言研究的ICM[J]．复旦学报(社会科学版)，2003(3)：134-140.

[168] 徐靖．“移动样态动词+处所宾语”的认知模式[J]．语言教学与研究，2008(2)：82-88.

[169] 严辰松．英汉在空间意义编码上的差异[J]．解放军外国语学院学报，1993(1)：8-12.

[170] 杨辉．“里”、“内”、“中”、“外”的方位意义及组配关系[D]．桂

林：广西师范大学，2007.

[171] 杨辉．容器方位词里、内、中、外的空间意义[J]．四川教育学院学报，2008，24(12)：74-76，79.

[172] 杨辉，陈玉香．论名词性成分与容器方位词组合的不对称[J]．哈尔滨学院学报，2009，30(5)：82-86.

[173] 杨江．方位词“里”“中”“内”的语义认知分析[J]．湖南科技大学学报(社会科学版)，2007(6)：105-109.

[174] 杨宁．从空间到时间的汉语情景和参与者[J]．语文研究，1998(2)：12-15.

[175] 姚占龙．方位词“里、内”的方位表达及其范畴化[J]．汉语学习，2009(6)：33-38.

[176] 易查方．动结式“V满”及相关研究[D]．上海：上海师范大学，2008.

[177] 袁毓林．容器隐喻、套件隐喻及相关的语法现象：词语同现限制的认知解释和计算分析[J]．中国语文，2004(3)：195-208，286.

[178] 岳岩．汉语排除义“X外”类词的历时演变分析[J]．语文研究，2013(4)：38-46.

[179] 曾传禄．“里、中、内、外”方位隐喻的认知分析[J]．贵州师范大学学报(社会科学版)，2005(1)：104-107.

[180] 曾莉．“获取”类双宾语句研究[J]．深圳大学学报(人文社会科学版)，2004(5)：107-110.

[181] 张爱玲．汉语方所存在结构向进行体结构的语法化[J]．中南大学学报，2015(5)：243-248.

[182] 张国宪．“在+处所”构式的动词标量取值及其意义浮现[J]．中

国语文，2009(4)：346-358，384.

[183] 张金生，刘云红．“里”“中”“内”空间意义的认知语言学考察[J]．解放军外国语学院学报，2008(3)：7-12.

[184] 赵华．朝汉语方位词对比研究[J]．解放军外国语学院学报，2002(3)：45-48.

[185] 赵旭．典型处所宾语与非典型处所宾语[J]．汉语学习，2013(3)：103-112.

[186] 周榕．隐喻认知基础的心理现实性：时间的空间隐喻表征的实验证据[J]．外语教学与研究，2001(2)：88-93，160.

[187] 周泉．“里/中/内”和“안/속”的意义对比研究[D]．南京：南京师范大学，2011.

[188] 朱楚宏．“在……中”进行态句式简析[J]．荆州师专学报，1996(3)：70-73.

[189] 朱军．现代汉语受事宾语句中论元共现规律及管控机制研究[D]．武汉：华中师范大学，2008.

[190] 朱怀．概念整合与汉语非受事宾语句[D]．长春：吉林大学，2011.

[191] 朱晓军．空间范畴的认知语义研究[D]．上海：华东师范大学，2008.

[192] 邹韶华．现代汉语方位词语法功能补议[J]．中国语文，2007(1)：20-22.

朝文文献

[1] 강범모, 김흥규. 한국어 사용 빈도: 1500만 어절 세종형태의 미분석말뭉치 기반[M]. 서울: 한국문화사, 2009.

[2] 고영근. 표준중세국어문법론[M]. 서울: 탑출판사, 1987.

[3] 김영희. 한국어 통사 현상의 의의[M], 서울: 역락, 2005.

[4] 남기심. 표준 국어문법론[M]. 서울: 탑출판사, 2014.

[5] 남기심. 국어조사의 용법[M]. 서울: 박이정, 1996.

[6] 박경현. 현대국어의 공간개념어연구[M]. 서울: 한샘, 1987.

[7] 박선옥. 국어 보조동사의 통사와 의미 연구[M]. 서울: 역락, 2005.

[8] 서정수. (현대)국어문법론[M]. 서울: 한양대학교출판원, 1996.

[9] 서상규. 국어 기초자료 구축 분과 특수자료구축 소분과[M]. 서울: 문화관광부, 2000.

[10] 심재기. 국어어휘론[M]. 서울: 집문당, 1982.

[11] 우형식. 국어 타동구문 연구[M]. 서울: 박이정, 1996.

[12] 이광호. 국어 격조사 '을/를'의 연구[M]. 서울: 탑출판사, 1988.

[13] 이수련. 한국어와 인지[M]. 서울: 박이정, 2001.

[14] 이지영. '안/속/밖/겉'의 언어학적 분석. 제효 이용주 박사 회갑기념 논문집[M]. 서울: 도서출판 한샘, 1989.

[15] 임혜원. 공간개념의 은유적 확장[M]. 서울: 한국문화사, 2004.

[16] 최현배. 우리말본[M]. 서울: 정음사, 1935.

[17] 허웅. 우리 옛말본: 15세기 국어 형태론[M]. 서울: 샘문화사, 1983.

[18] 홍재성. 현대 한국어 동사구문의 연구[M]. 서울: 탑출판사, 1992.

[19] 이승욱. 국어 문법 체계의 사적 연구. 서울: 일조각, 1973: 377.

[20] 이지영. '안/속/밖/겉'의 언어학적 분석[M]//제효 이용주 박사 회갑 기념 논문집. 서울: 한샘, 1989.

[21] 국립국어연구원. 표준국어대사전. 서울: 두산동아, 1999.

[22] 한글학회. 우리말 큰사전. 서울: 어문각, 1992.

[23] 김미형. 인지적 대조언어학의 방법론 연구: 한국어와 영어를 대상으로[D]. 한국문화사, 2009(1).

[24] 성광수. 國語의 助辭에 대한 研究[D]. 서울: 고려대학교출판부, 1997.

[25] 우순조. 한국어의 형상성과 관계표지의 실현 양상[D]. 서울: 서울대학교출판부, 1994.

[26] 강범모. 대화체 기계번역을 위한 사전의 통사, 의미 정보[J], 언어학, 1992, 14.

[27] 고석주. 조사 '에'의 의미 재고[J]. 국어학, 2011, 61.

[28] 고영근. 국어 進行相 형태의 處所論的 해석. 국어의 통사・의미론. 서울: 탑출판사, 1986.

[29] 고영근. 민족어의 격 어미 및 부치사, 첨사 범주와 그 유형론적 함의[J]. 국어학, 2012, 65.

[30] 고창수. 후치사 재고. 이문논집, 1987, 27.

[31] 구종남. 국어 진행상의 형식과 특징[J]. 한국언어문학, 2013(85).

[32] 김건희. '밖에'의 의미와 형태: 문법화 현상을 중심으로[J]. 어문학, 2009, 104.

[33] 김경화. 한국어 '진행상'의 표현형식에 대응되는 중국어표현형식 연구[J]. 중국조선어문, 2006(1).

[34] 김영태. 보조용언의 양태 의미[J]. 우리말글, 1998, 16.

[35] 김선희. 공간어와 시간적 의미. 목원어문학, 1988, 7.

[36] 김하얀. 이동 동사 구문의 '-을/를'실현에 대하여[J]. 우리말연구, 1998, 8.

[37] 김한샘. 말뭉치에 기반한 공간 명사의 의미 변화 연구[J]. 반교어

문연구, 2006, 21.

[38] 렴광호. 격의 생략에 대하여[J]. 중국조선어문, 1996(3).

[39] 류패림. 토의 단의성과 다의성 문제에 대하여[J]. 조선어학습과 연구, 1984(1).

[40] 목정수. 한국어의 핵심을 꿰뚫어 본 교육 문법서[J]. 형태론, 2013(15).

[41] 민현식. 공간어와 시간어의 상관성: I [J]. 국어학, 1990, 20.

[42] 박승윤. '밖에'의 문법화 현상. 언어[J]. 언어학, 1997, 22(1).

[43] 박태권. 국어 조사에 대한 소고: postposition설을 중심으로[J]. 문창어문논집, 1966, 5.

[44] 서정수. 국어시상형태소의 의미분석[J]. 문법연구, 1976, 3.

[45] 안명철. 처격 '에'의 의미[J]. 관악어문연구, 1982, 7.

[46] 안주호. 공간 명사의 문법화에 대한 연구[J]. 신라학연구, 2001, 3.

[47] 유현경. '속'과 '안'의 의미 연구: 결합 관계를 중심으로[J]. 한글, 2007, 276.

[48] 유혜원. 국어 명사구의 통사・의미론적 연구: <공간>명사가 나타나는 명사구를 중심으로[J]. 한국어학, 2008, 38.

[49] 이기동. 조사 '에'와 '에서'의 기본 의미[J]. 한글, 1981(173-174).

[50] 이기동. 다의어와 의미의 일관성[J]. 인문과학, 1984, 52.

[51] 이남순. 양식의 '에'와 소재의'에서'[J]. 관악어문연구, 1983, 8.

[52] 이남순. 격표식의 비실현과 생략[J]. 국어학, 1998, 31.

[53] 이성하. 이동동사의 후치사화에 관한 형태통사적 연구[J]. 언어와 언어학, 2002, 29.

[54] 이영민. 한국어와 중국어의 상 해석 연구[J]. 중국조선어문, 2006(5).

[55] 이영제. 공간명사의 의존 용법과 규정 기능: 양식적 공간명사를 중심으로[J]. 어문론집, 2014(58).

[56] 이정애. '안/밖/속/겉'의 의미 연구[J]. 한국언어문학, 1996, 37.

[57] 이정택. 이른바 주격조사 '-에서'에 관하여[J]. 한말연구, 2010, 27.

[58] 임지룡. 국어에 있어서의 시간과 공간의 개념[J]. 국어교육연구, 1980, 12.

[59] 임지룡. 한국어 이동 사건의 어휘화 양상[J]. 현대문법학회. 현대문법연구, 2000, 20.

[60] 임지룡. 개념적 은유에 대하여[J]. 한국어 의미학, 2006, 20.

[61] 임지룡. 감정의 그릇 영상 도식적 양상과 의미특성[J]. 국어학, 2010, 57.

[62] 임홍빈. '을/를'조사의 의미와 통사[J]. 한국학논총, 1979, 2.

[63] 전수태. 공간 개념어의 반의 구조[J]. 한어문교육, 1996, 4.

[64] 전학석. 조선어에서의 '격'의 하위분류에 대하여[J]. 중국조선어문, 2004(1).

[65] 차광일. 조선어 토의 본질[J]. 중국조선어문, 1987(6).

[66] 천소영. 고유지명에서 본 방위개념에 대하여: '內外'系 지명어를 중심으로[J]. 한국어학, 2001, 14.

[67] 최경봉. 은유표현에서 단어의 선택과 해석 원리[J]. 한국어 의미학, 2000, 7.

[68] 최규련. 국어 제외 표지사 '밖에…'와 제외 초점사 '밖에…+부정(否定)'의 의미와 기능[J]. 국어학, 2000, 35.

[69] 최건. 공간위치표현에 있어서의 참조대상의 분포와 조응: 조선어와 한어의 대조[J]. 중국조선어문, 1995(4).

[70] 최호철 등. 기계 번역을 위한 한국어 논항 체계 연구[J]. 한국어 의미학, 1998, 3.

[71] 췌이펑훼이. 공간 은유의 구조에 대한 한·중 비교 연구[J]. 한국어 의미학, 2012, 37.

[72] 홍기선. 이동동사와 장소명사 표지[J]. 어학연구, 1995, 31(3).

[73] 홍사만. 국어 postposition의 하위 분류[J]. 동양문화연구, 1976, 3.

[74] 홍윤기. 이동구문의 <를>표지 해석[J]. 국제어문, 2008, 44.

[75] 홍윤선. 수량이 기준으로 제시되는 경우 명사 '이상, 이하, 이내'의 쓰임에 대하여[J]. 중국조선어문, 2007(6).

[76] 홍종선. 국어의 시간어 연구[J]. 민족문화연구, 1991, 24.

[77] 홍종선. 한국어 위치어의 연구[J]. 홍익어문, 1992, 10.

[78] 황화상. 조사 '에서'의 문법 범주[J]. 배달말, 2002, 39.

其他文献

[1] 堀江薫. 言語のタィポロジー—[M]. 东京： 研究社, 2009.

[2] 田中茂範, 松本 曜. 空間と移動の表現[M]. 东京：研究社, 1997.

[3] 池上嘉彦. 「する」と「なる」の言語学[M]. 东京：大修館書店, 1981.

[4] 青木三郎, 竹沢幸一. 空間表現と文法[M]. 东京：くろしお, 2000.

[5] Blansitt Edward L. Progressive aspect. Working Papers on Language Universals 18[G]. 1975：1-34.

[6] Carlson Laura. Object use and object location：The effect of function on spatial relations. In Emile van der Zee and Urpo Nikanne (eds.), Cognitive Interfaces：Constraints on Linking Cognitive In formation[G]. Oxford：Oxford University Press, 2003：94-115.

[7] Comrie Bernard.Aspect[M]. Cambridge： Cambridge University Press, 1976.

[8] Comrie Bemard. Markedness, grammar, people, and the world[M]. Springer US, 1986.

[9] Croft, William. Typology and Universals[M]. Cambridge： CUP,1990.

[10] Heine Berned, & Mechthild Reh. Grammaticalization and reanalysis in African languages[M]. Hamburg： Buske, 1984.

[11] Heine Beernd. "Auxiliaries： Cognitive Forcesand Grammaticalization"[M]. New York/Oxford, Oxford University Press, 1993.

[12] Hopper, P. J., & Traugott,E. C. Grammaticalization. In Hopper and Traugott[M]. Cambridge： Cambridge University Press, 1993.

[13] Hsieh, Hsin-I. Time and Imagery in Chinese Functionalism and Chinese Grammar[G]. (eds)James Tai and Frank Hsieh.(Chinese Language Teachers Association, Monograph Series No.1). 1989： 45-94.

[14] Johnson M. The Body in the mind： The Bodily Basis of Meaning, Imagination, and Reason[M]. Chicago： The University of Chicago Press, 1987.

[15] Lakoff G. Women, Fire and Dangerous Things： What Categories Reveal about the Mind[M]. Chicago and London： The University of Chicago Press, 1987.

[16] Lakoff George and Mark Turner. More than Cool Reason: A Field Guide to Poetic Metaphor[M]. Chicago: University of Chicago Press, 1989.

[17] Radden Günter and Zoltán Kövecscs. Towards a theory of metonymy. In Klaus-Uwe Panther and Günter Radden(eds.), Metonymy in Language and Thought[C].Amsterdam/Philadelphia: John Benjamins.

1999：17-59.

[18] Tai James H-Y. Cognitive basis of spatial expressions in Chinese: A preliminary analysis of the Zai Phrase. paper presented at the 22nd Sino-Tibetan Conference[C]. Hawaii, 1989.

[19] Dahl, Östen. Tense and Aspect Systems[M]. Oxford: Blackwell, 1985.

[20] Blansitt, E.L.,Jr. Progressive aspect[J]. Working Papers on Language Universals (Stanford, CA), 1975, 18：1-34.

[21] Langacker, R. W. Foundations of Cognitive Grammar, Vol. I, Theoretical Prerequisites[M]. Stanford, CA: Stanford University Press, 1987.

[22] Language. In: Greenberg,J.H.(Ed.), Universals of Human Language: Word Structure(Vol.3)[C]. Stanford, CA: Stanford University Press, 1978.

[23] Rooth, Mats. Association with Focus. In Rooth[D]. Amherst: University of Massachusetts, 1985.

[24] Heine, Bernd & Mechthild Reh. Grammaticalization and Reanalysis in African Languages. In Heine and Mechthild Reh[M]. Hamburg: Helmut Buske Verlag, 1984.

[25] Talmy Leonard. How language structures space. In Talmy “Toward a Cognitive Semantics”Vol.1[C]. MIT Press, 2000.